색의 유혹

색채심리와 컬러 마케팅

차례

Contents

컬러 이야기

컬러의 연상 이미지

컬러는 그 자체만으로도 우리의 감각과 감성을 자극한다. 컬러에 대한 감성은 국가와 민족, 개개인의 경험과 소속된 집단에 따라 차이가 있으며, 하나의 색이 보내는 연상 이미지는 흔히 생각하는 것 이상으로 다양하다.

색이 보내는 미묘한 의미를 구별하고 그것을 판단할 수 있다면 색을 의도대로 활용할 수 있을 것이다. 따라서 각각의 색이 보내는 보편성과 다양성뿐 아니라 긍정적, 부정적 메시지를 조화롭게 활용하는 것이 무엇보다 중요하다.

디자인에서 사용 빈도가 높고 일상생활에서도 기본이 되는 색 중에서 빨강·노랑·주황·녹색·파랑·검정의 여섯 가지 색상이 갖는 연상 이미지에 대해 살펴본다.

빨강

빨강은 가장 힘차고 역동적이며, 강하고 격렬한 색이다. 강렬한 이미지로 사람들의 감각과 열정을 자극하며, 자기 확신과 자신감을 보다 강하게 전달한다. 사랑을 상징하는 색인 동시에 분노와 복수의 색이다. 또한 따뜻한 색 중에서도 가장 대표적인 색이다.

빨간색은 신중함이나 차분함과는 거리가 먼 강요의 의미를 갖고 있다. 시각적으로 주목성이 높아 위험과 긴급, 경고를 알리고자 할 때 많이 쓰인다. 주로 사람을 흥분시키고 선동하는 효과를 위해 사용되기 때문에 혁명과 전쟁을 떠올리기도 한다. 정지 신호가 빨간색인 것도 보는 사람을 흥분시켜 긴장감을 주기 위한 것이다.

우리나라는 예로부터 빨강을 길흉화복 중 흉과 화를 방지하는 액막이 색으로 사용했는데, 여기에는 강한 불의 기운으로 악귀를 쫓는다는 의미가 담겨 있다. 동짓날 먹는 팥죽 역시 몸속에 강한 기운을 넣기 위함이다. 특히 우리나라에서 빨강은 전통적으로 왕족의 색으로 특별 취급을 받았다.

따라서 다른 색보다 사람의 시선을 끄는 효과가 뛰어나 주의를 끌어 강조하고 싶을 때 주로 빨강을 사용한다. 빨강은 활발한 색상이기 때문에 상대방을 자극하거나 지루함을 벗어나

의욕을 불어넣고 싶을 때 사용하면 효과적이다. 그러나 너무 많이 사용하면 피로감을 줄 수도 있고 주의가 산만해질 수도 있어 조심해야 한다.

노랑

노랑은 황금, 병아리, 개나리, 봄 등을 연상시킨다. 밝고 빛나는 색으로 지능을 상징하는 반면에 귀여운 유아들의 색으로 느껴져 보호 본능을 일으키는 의존적인 이미지이기도 하다.

색 중에서 의미론적으로 가장 상반된 뜻을 지니고 있는 대표적인 색이 노랑이다. 그만큼 우리에게 다양한 느낌을 준다. 꽃의 화사함과 어린아이의 생기발랄함, 생명의 에너지를 상징하는 동시에 경박함과 불안, 질투 같은 모순된 의미도 지니고 있어 감정에 쉽게 좌우되고 생각보다 의외로 따뜻함이 부족한 컬러이다.

옛 중국에서 노란색은 황제의 색으로 일반인은 사용할 수 없는 고귀한 색이었으며, 귀족의 사치를 표현할 때 사용되었다. 그런가 하면 우리나라에서는 인색한 사람을 '노랑이'라 하고 서양에서는 사악한 사람을 '옐로 독(yellow dog)'으로 부르며 유치함, 배신자, 찢어지는 듯한 소음의 색으로 부정적인 의미를 담고 있다.

그 밖에도 조심의 뜻이 강해서 노랑과 검정의 굵은 사선 무늬는 교통안전 시설에서 가장 강한 주의를 끄는 표시로 쓰인다. 주의력을 향상시켜 객관성이 모자랄 때 냉철하고 바른 판단을 할 수 있도록 도와준다. 은행이나 법원에서 작성하는 신청 서류들에 노란색이 많은 것도 같은 이유다.

따라서 새로움과 흥분, 즐거움과 기분 좋음을 표현하고 싶을 때 노란색을 사용한다. 또 시선을 집중시키는 효과가 크고 햇볕처럼 따뜻하고 쾌활한 분위기를 조성할 때도 사용한다.

주황

주황 컬러의 연상 이미지는 오렌지, 비타민, 활력, 유쾌함, 따뜻함이 떠오른다. 따스한 빛을 연상시켜 열대 과일이나 이국적인 꽃과 함께 낭만적인 분위기를 연출하기도 한다. 빨간색만큼은 아니지만 사람들에게 활기와 즐거움을 자극한다. 그러나 너무 많이 사용하면 경박한 느낌을 주고 지나치면 싸구려처럼 보일 수도 있다. 강렬한 주황색은 신경을 건드리고 피곤한 느낌을 줄 수 있어 주의해야 한다.

주목을 끌고 싶다거나 창조적이고 파격적인 감각을 표현하고 싶을 때, 또는 이국적인 분위기를 연출하고 싶을 때 주황색을 사용하면 좋다.

녹색

숲, 잔디, 풋과일 등의 이미지를 연상시키는 녹색은 자연과 순수를 상징한다. 일반적으로 평화와 안전, 중립을 상징하며 새로운 삶에 대한 희망을 느끼게 해 준다. 대피소·진행신호·구급상자 등에 사용되어 안전·진행·구급을 표시한다. 건설 현장에서 볼 수 있는 흰색 바탕의 녹십자 표시도 안전을 나타내는 대표적인 상징이다.

또한 건강을 상징하고 우리의 눈에 가장 편안함을 주는 색으로서 공공시설이나 휴식 공간에 많이 쓰인다. 녹색 칠판은 다른 색에 비해 눈을 덜 피로하게 하기 때문에 능률을 높여 준다. 녹색은 시야각을 가장 좁게 차지해 시야의 중심에 있지 않으면 감지되지 않아 눈을 자극하지 않기 때문에 녹색을 보면 마음이 편하고 눈이 어지럽지 않은 것이다. 녹색은 자주 볼 수 있는 친근한 색인데도 왠지 의류나 제품 등에서는 원색의 선명한 녹색을 찾아보기가 힘들다.

우리나라에서 녹색은 양갓집 규수를 표현할 때 사용했고, 우리의 전통 의식 속에서도 좋은 의미를 많이 담고 있다. 녹색은 여러 가지 색상의 이름으로 불렸는데, 춘록색은 겨우내 움츠렸던 버들가지에 물이 오르면서 갓 돋아나는 어린잎의 색, 유록색은 며칠 뒤 봄기운이 좀 더 들어간 버들잎 색, 유청색은 완전히 핀 버들잎 색으로 녹색에 대한 사랑과 서술은 실로 다양하다.

서양에서 녹색의 이미지는 자연미와 중립성을 들 수 있다. 자연미는 대자연의 상징색으로 자연을 곁에 두고 싶을 때 사용했다. 중립성은 온도감과 관계된 것으로, 뜨거움과 차가움을 상징하는 빨강과 파랑의 중간인 녹색은 온화하고 별 느낌이 없는 온도감을 갖는 색으로 표현하게 된 것이다. 사람의 감정이나 정신 상태의 중립을 의미하는 동시에 서툰 일이나 바보스러움, 답답함을 의미하기도 한다.

따라서 온화한 감정을 끌어내고 싶다거나 인내력, 근면함을 강조하고 싶을 때, 또 자연의 이미지를 연출하고 싶을 때는 어두운 초록색을 사용한다. 활기와 쇄신, 상쾌한 이미지를 주고 싶을 때는 초록색에 노란색을 더하면 매우 효과적이다.

파랑

파랑의 연상 이미지는 하늘, 바다, 차가움, 희망, 평화 등이다. 침착하고 이지적이고 냉정함을 상징하며, 진리와 총명함을 상징하기도 한다. 시원한 투명감이 많은 이들의 감성에 편안하게 다가가며 주위의 어떤 색과도 잘 어울린다. 새로운 도전과 자유를 의미하는 파랑은 희망찬 미래를 지향하는 젊은이들에게는 비전의 색이다.

일반적으로 파랑은 가장 조용하고 후퇴되어 자기의 감성을 드러내지 않는 색이기도 하다. 녹색이 자신을 숨기는 색이라면, 파랑은 자신을 보여 주면서도 조용한 색이다. 노란색이 어린이들의 색이라면, 파란색은 어른들의 색이다.

파랑은 특정 집단이나 연령의 구분 없이 모두가 좋아하는 색이다. 색의 선호도에서도 우리나라뿐 아니라 서양에서도 가장 높고, 연상되는 이미지 또한 대부분 긍정적이다. 우리나라의 기업 로고에 가장 많이 사용되는 색으로서 특히 전자 제품 회사의 로고 등에 자주 적용되는데, 신뢰감을 주고 젊음을 지향하는 이미지를 가지고 있기 때문이다.

반면에 차갑고 고요한 느낌 때문에 슬픔이나 우울함의 인상을 주기도 하는데, 흑인들의 슬픔과 애환을 담은 음악인 '블루스'는 파란색의 이러한 면을 잘 나타내고 있다.

파란색을 사용할 때는 모험을 해야 할 경우도 있다. 지나치게 사용하면 개성이 없고 무미건조한 분위기를 연출하고, 소극적이고 지루하며 우울한 색으로 보인다. 또한 기계적이고 논리적으로 보일 수 있기 때문에 개성 있고 독특한 파랑을 개발해서 사용하는 것이 바람직하다. 음식의 경우 전체적으로 푸른 기가 돌면 식욕을 떨어뜨리고 파란색 조명 아래서도 마찬가지 결과를 초래한다.

따라서 차분해지고 싶을 때나 무난하게 일을 매듭짓고 모두에게 인정받고 신뢰감을 주고 싶을 때 파란색을 사용하면 좋다.

검정

검정색의 연상 이미지는 죽음, 밤, 어두움이다. 악의 표현, 어둠의 색으로 여겨지는 등 주로 부정적인 묘사에 쓰였다. 그러나 요즘은 젊을수록 검정을 더 좋아하는데, 자신들의 젊음에 쉽게 연륜을 더해서 그럴듯하게 보이려는 의도 때문이다. 반면에 나이가 들수록 더욱 기피하는 색이 되기도 한다.

여성의 우아함과 남성의 정중함을 대표하는 색인 동시에 신사숙녀의 가장 보수적이고 품위 있는 색으로 멋쟁이들이 선호한다. 제품에 적용된 검은색은 기능성, 대담함, 견고함 그리고 통일감을 표현한다.

마법과 인상파를 상징하는 대표적인 색이 검정이다. 초기의 인상파와 관련되었던 입체파의 파블로 피카소(Pablo Picasso)나 피엣 몬드리안(Piet Mondrian)은 모두 초기에는 강한 색채 대비를 보였지만 말기의 작품은 검정이 주조색인 그림으로 종결했다. 그 이유는 검정에는 그만큼 많은 상상의 내용이 들어 있기 때문이다. 마법을 상징하는 검정은 호기심과 기대감을 주며 가벼운 상상보다는 깊이 있는 사고에 더 가깝다.

우리나라에서도 검정은 매우 나쁜 의미의 색이다. 우선 가장 추운 겨울이나 북쪽, 인생의 끝 등을 상징한다. '근묵자흑(近墨者黑)'이란 말도 있듯이 속세에 물든 타락한 색이기도 하다.

따라서 권력과 지배를 암시하는 동시에 우아함과 기품을 표현하고자 할 때, 또는 숨겨진 강력한 힘을 나타내려 할 때 검정색을 사용하면 좋다.

컬러가 제품을 판다

빨간색 간판을 보면 군침이 돈다! 특정 색을 보면 그 기업과 제품이 연상된다! 과연 그럴까? 그렇다면 어떤 요인으로 이런 현상이 나타날까?

사람들은 오래전부터 컬러가 사람에게 미치는 심리 현상을 분석하기 위해 노력해 왔다. 컬러는 각각 그 자체의 고유고유고

장과 진동수를 가지고 있어 하나의 에너지로 작용한다. 그래서 컬러는 인체에 파도처럼 신호를 보내고 그 진동이 편안함, 따뜻함, 덨뜻왰, 도처 등을 느끼도록 만든다. 컬러가 생 위 또는 심리위 면에동수를람들에게 결정적인 영향을 미쳐 상품 선택 시 중겔 사요인으로 작용한다는 사실이 밝혀지면동수현퓶, 케팅의 사부분으로 컬러, 케팅이 대두되었다.

색채심리학자인 파버 비렌(Faber Biren)은 "모든 색채는 그 색상마다 인간에게 각각 다른 느낌을 주는데, 실제로 상품 판매, 성격, 음식 맛까지 좌우한다"고 주장하고 있다.

한 조사에 의하면, 오감(五感) 중 '보고 산다'(시각)가 87%로 가장 많고, 그 다음으로 '듣고 산다'(청각) 7%, '만져 보고 산다'(촉각) 3%, '냄새 맡고 산다'(후각) 2%, '맛보고 산다'(미각) 1%로 나타났다. 이처럼 소비자들은 주로 시각으로 구매하기 때문에 컬러에 대한 관심이 집중되고 있는 것이다.

소비자들은 대부분 상품명이나 기업명, 형태보다는 컬러나 그림을 더 기억하기 좋아한다. 사람, 도구, 의상과 같은 모든 사물들에 대한 인상은 언어에 의한 지식과 함께 컬러나 음향, 형태 등 감각적인 인식으로 기억 속에 깊이 남아 있게 된다. 인간의 지각 세계는 어문적이기보다는 시각적이다. 강한 컬러는 주의를 집중시켜 상품을 인식하게 하고 상품의 이미지를 명료하게 한다. 특정 컬러를 상품에 적용하는 순간 소비자는 상품에 대해 고정된 이미지를 가지게 되므로 컬러는 기업이나 브랜드가 추구하는 이미지를 만드는 데 아주 좋은 마케팅 도

구라고 할 수 있다.

또한 제품 자체의 컬러화는 물론이요 TV나 신문 등의 매체 광고 및 '말없는 세일즈맨(Silent Salesman)'으로 불리는 제품 포장에도 컬러가 크게 어필된다. 브랜드 충성도(Brand Loyalty) 가 약할 때, 가격 차이가 적을 때, 구매 행위가 다분히 충동적일 때 컬러는 구매 결정의 중요한 요인이 된다. 그리고 제품의 내용물을 나타내고 있는 포장의 컬러로부터 소비자는 상품에 관한 감동과 많은 정보를 얻게 된다.

따라서 컬러는 바로 그 제품이자 이미지이다. 소비자는 컬러로 제품을 수식하거나 임시로 눈을 끌기 위한 장식이 아닌 제품 그 자체나 이미지로 지각한다. 컬러가 가장 강한 시각언어(Visual Language)인 점을 인식하고 컬러의 영향력을 이용한 전략이 바로 컬러 마케팅이다. 다시 말해서 색상으로 소비자의 구매 의욕을 자극하는 마케팅 기법인 것이다.

지금은 갖고 싶은 사람에게 파는 것이 아니라 사고 싶은 기분이 들도록 해서 구매하도록 하는 것과 같은 적극적인 판매 방식을 실시한다. 그러기 위해서는 우선 소비자의 공감을 얻어야 한다. 컬러는 이 경우에 많은 보완 작용을 한다. 컬러가 인간의 마음을 감동시키고 어떤 분위기를 유발한다는 것은 널리 알려진 사실로 육체적·정신적 활동에 영향을 주고 있다.

제품만으로는 차별화가 쉽지 않다 보니 이제는 상품을 파는 것이 아니라 이미지와 감성으로 차별화를 시도한다. 사람의 심리를 움직이는 컬러와 컬러 이미지를 자사 상품에 반영시켜 마케팅에 적용하고 응용하는 것이 요즘의 추세다. 상품이 아닌 이미지를 파는 시대에 컬러는 이미지를 대변하는 수단으로의 역할을 톡톡히 해내고 있는 것이다.

컬러는 다른 오감(五感) 요소보다도 더욱 선명하게 상품이 인식될 수 있도록 도와준다. 게다가 컬러는 우리에게 맛, 소리, 모양 같은 다른 감각의 기능적 이미지까지 함께 전달한다. 컬러 마케팅은 단순히 시각적인 자극을 주는 것에 머물지 않고 소비자에게 총체적 경험을 제공한다. 컬러 마케팅을 하는 데 있어서 가장 기본적인 요소는 제품의 개념과 일치하고, 특징을 잘 보완해 주며, 타깃 소비자들이 선호하는 색상을 선택하는 것이다. 이를 위해서는 컬러에 대한 사회 트렌드를 파악하는 것이 무엇보다 우선시되어야 한다.

컬러 트렌드

컬러의 기호는 해마다 또는 계절마다 타깃 소비자에 따라 변화되고 있다. 올해의 유행색이 내년에는 터부시되기도 하고, 금기시되던 색상이 선호하는 색상으로 변하기도 한다.

피아노는 검은색, 가구는 나무색 등 색채에 대한 일반적 고정관념이 깨지기 시작하면서 다양한 색상의 제품들이 출시되고 있다. 동양인 고유의 검은 머리카락도 다양한 색깔로 염색하는 것이 대중화되었고, 립스틱 색상도 붉은색에서 검은색 또는 초록색으로 바뀌는 등 색채의 기호론적 구조는 이미 해체되고 있다.

소비자들의 마음을 움직일 수 있는 주요한 감성 요소로 컬러가 크게 대두되고 있는 가운데 시시각각 변하는 컬러 트렌드에 대한 연구가 필요하다. 미래에 어떤 색이 유행하는가를 예측하는 것도 중요하지만 무엇보다 거시적인 관점에서 색근점에서 요소가 혼합되는지, 색을 표현하는 데 있어서 에서 방법을 사용하는지를 인지하는 일이 중요하다. 특정 색의 사용을 인지하는 것보다 미래에 사용될 색이 나타나게 된 배경을 이해하는 일이 선행되어야 한다.

예를 들어 불경기일수록 핑크·노랑·주황 등 원색의 제품이 소비자들에게 인기를 끄는데, 이는 경제 위축과 국제 정세의 불안감에서 벗어나고자 하는 소비자들의 심리가 오히려 과감한 컬러를 선택하도록 하기 때문이다.

의류·가전·자동차·휴대폰 업종의 과거 트렌드를 간략히 살펴보면, 1990년대 초반부터 생겨난 신세대 열풍으로 강한 개성 추구와 패션 지향의 트렌드가 지속되었다. IMF 시대에는 경제가 급랭하면서 가정 중심주의와 복고주의가 나타났다. 신세대 문화가 파급되면서 주위 시선을 의식하지 않는 과감한 옷차림, 여성과 남성의 고정된 성 역할 탈피, 그리고 격식을 파괴하는 새로운 생활 방식이 나타났다.

의류 분야는 고정관념과 격식을 거부하는 자유로운 사고방식이 널리 퍼지면서 본격적인 캐주얼이 새로운 테마로 급부상했다. 다양해진 컬러로 계절 색상의 의미가 파괴되고 파격적인 배색이 새롭게 등장하고 서로 상반되는 다양한 이미지들이 공존하는 현상이 나타난 것이다.

가전제품의 컬러는 은은한 중간색이 많고 하이테크 느낌의 펄 컬러가 시장에 본격적으로 등장했다. 백색가전 제품의 컬러화는 젊은 세대의 독립이라는 사회적 현상과 급격히 증가한 독신자층 덕분에 본격화되었다.

1990년대 전반기의 자동차 컬러가 원색 또는 무채색의 기본색 시대였다면, 1990년대 중반 이후에는 한층 다양한 컬러가 선보인 '컬러화 시대'로 진입했다. 색조의 범위를 넓히는 방향으로 전개되어 같은 초록색이라도 어둡고 진한 초록색에서 밝고 연한 초록색, 선명한 초록색까지 다양한 색의 자동차가 등장한 것이다. 이는 예쁜 원색의 수입 자동차가 국내에 들어오면서 '고급차=검정색'이라는 수식이 깨져 버렸다. 그뿐 아니라 소비자의 라이프스타일 변화에 따라 레저 차량이나 스포츠카 등을 젊은 세대와 여성들이 많이 소유하게 되면서 디자인을 중시하는 경향이 높아졌다.

1990년대 중·후반의 휴대폰은 검정색이나 회색과 같은 무채색으로 견고함과 신뢰감을 표현했으며, 빨강·노랑·파랑 등 원색을 조금씩 적용하기 시작했었다. 이후 휴대폰 브랜드 간의 경쟁이 치열해지면서 메탈릭 느낌을 살린 컬러, 다양한 색상의 탁한 톤의 컬러가 등장해 밝고 부드러운 이미지를 추구했다. 이때부터 휴대폰은 액세서리 기능을 서서히 발휘하면서 소비자들의 개성을 표현하는 또 하나의 수단으로 발전해 밝은 회색·파랑·빨강·노랑 계열이 주류를 이루었다.

이런 과정을 거치면서 지금은 삶의 질을 최우선시하는 생활 패턴, 인생을 향유하고 자유롭게 살려는 감성 지향적 분위기가 사회 전체로 확산되어 어느 때보다 개인적 자유를 위한 욕구가 크게 나타나고 있다. 정보 통신의 발달로 인한 글로벌 네트워크는 사회 변화의 속도를 더욱 빠르게 하고 있다. 또한 여성들의 사회 진출 증가와 구매 파워가 커짐에 따라 성 역할의 고정관념도 깨지고 사회가 요구하는 여성상과 남성상도 바뀌고 있다. 컬러 마케팅 전략을 계획하고 수립하는 데 있어 컬러가 등장하게 된 배경, 그 컬러가 속해 있는 보다 큰 경향과 흐름의 파악이 요구된다.

이러한 관점에서 볼 때 컬러 트렌드는 크게 세 부분으로 구분된다. 즉, 감성 중심의 컬러, 자연과 인간 중심의 컬러, 그리고 디지털 시대의 컬러에서 그 존재 근거를 찾아볼 수 있다.

감성 중심의 컬러

소득이 증가함에 따라 풍요해진 물질적 여유는 소비의 패턴을 이성적 소비에서 감성적 소비로 전환시켰다. 예전의 소비자들은 가격과 품질 및 구매 가치를 정확히 판단하여 구매했다면, 현대의 소비자들은 제품의 기능과 형태뿐 아니라 감성을 제품 선택의 중요한 기준으로 삼고 있다.

소비자들의 기호와 욕구가 다양해지면서 제품의 품질과 가격은 물론 브랜드·디자인·컬러·이미지 등 차별성과 감성을 중시하는 방향으로 변화하고 있다. 이에 따라 틀에 박힌 컬러보다는 화려하고 고정관념을 탈피한 개성적인 컬러를 사용한 제품들이 속속 선보이고 있다. 신제품을 출시할 경우 기능이나 가격도 중요하지만 무엇보다도 용기와 상표 디자인으로 소비자들의 감성과 시선을 붙드는 일이 관건이 되었다.

감성 중심의 컬러가 등장하는 징후를 가장 먼저 포착할 수 있는 분야는 컬러가 중심이 되는 컬러 마케팅이다. 컬러 마케팅에서 가장 두드러진 변화는 마케팅 대상이 남성에서 여성으로 바뀌고 있다는 것이다. 이에 따라 기존에 남성적 제품으로 인식되어 오던 자동차와 전자 제품 등이 여성적 컬러를 대거 사용하고 있다.

'카라(CARA)' '드라마(DRAMA)' 등 여성 전용 휴대폰이 빨간색이나 보라색을 사용하고, 모토로라의 '와이드폰'도 타깃을 여성으로 삼아 화장품 케이스를 닮은 정사각형에 샴페인골드, 퍼플, 바이올렛 등 여성적 컬러를 사용했다.

자동차도 다양한 원색으로 여성의 감성을 자극한다. 폭스바겐 뉴비틀은 1960년대 화사한 비틀의 이미지를 차용해 전통적인 파스텔 톤부터 디지털 환경에 맞는 테크노 메탈릭 톤까지 색의 다양성뿐 아니라 그 각각의 명칭만으로도 현대 감성을 충족시킨다. 비틀 향수를 불러일으킬 수 있는 카메오블루·레몬옐로·사이버그린·메탈릭 등 파스텔 색조에서부터 현대 감성을 충족시키는 테크노블루·실버애로우 등 뉴비틀의 색명은 그야말로 기발하다. 이런 이름들을 정하기 위해 디자인 팀은 여러 과정을 거쳐 색의 특성을 잘 반영, 그 색이 연상시키는 이름을 선택했다. 동시에 빨강·노랑·파랑 같은 일반적인 색 이름을 추가하기도 했다.

색의 컨셉을 정하고 이름을 붙이는 것은 색의 특성과 그 색을 통해 상상할 수 있는 것들을 고려해 어느 곳에서든 공유할 수 있는 감성을 기본으로 한 마케팅 전략을 실천한 것이다.

일본 아사히 맥주의 핑크색 맥주는 상품성을 감성에 두고 여대생을 비롯한 젊은 층 등 감성적인 계층을 타깃으로 삼아 성공한 제품이다. 이처럼 주로 여성을 대상으로 한 제품에서 사용되던 컬러가 앞으로는 성별과 상관없이 다양한 업종으로 확산될 추세다.

컬러가 단순히 시각만을 자극하던 시대에서 이제는 컬러를 먹고 바르고 냄새 맡는 시대에 이르렀다. 오감 중에서 촉각과 시각이 활용된 예는 반짝이가 뿌려진 립스틱에서 찾을 수 있는데, 이는 촉촉함이 컬러로 표현된 것이다. 과일 맛이 나는 립스틱이나 딸기 요구르트 향과 질감을 간직한 팩처럼 예쁘고 맛있고 부드럽고 향기로운 것 등 오감을 고루 만족시키는 제품일수록 소비자의 뇌리에 그만큼 깊숙이 각인된다. 오감 전체를 자극하는 오감 마케팅은 현재 화장품 업계에서 가장 활발히 사용되고 있으며, 모든 영역으로 점차 확대되고 있다.

애플사의 아이맥(iMAC)은 과일 맛을 컬러로 가진 컴퓨터로 블루베리·딸기·포도·귤·라임 등 다섯 가지 컬러를 컴퓨터에 적용해 딱딱하고 칙칙한 데스크톱 환경을 반투명 젤리처럼 먹고 싶은 컬러로 바꿔 소비자의 눈길을 끄는 데 성공했다. 또한 "먹고, 갖고 싶다"라는 광고 문구를 통해 컬러로부터의

미각을 자연스럽게 연상시키고 있다. 아이맥은 감성 컬러를 통해 소비자들에게 제품 인지도 및 특성을 효율적으로 전달하고 있다.

자연과 인간 중심의 컬러

물질 중심의 산업사회 논리가 생태학적 세계관으로 전환되면서 인간은 모든 설계의 중심이 된다. 웰빙이 모든 관심의 초점이 되고, 인간 자신의 건강과 안전에 대한 관심뿐 아니라 인간이 속해 있는 자연과 환경에 대한 이해와 관심이 높아짐에 따라 이러한 움직임에 발맞춘 컬러의 사용 빈도수를 높여 가고 있다.

제품 개발에서의 자연보호에 대한 관심은 1980년대로 거슬러 올라간다. 환경을 보호하려는 생태학적 정신이 디자인에 큰 영향을 미침에 따라 녹색운동의 기본 이념인 삶의 질 향상을 목적으로 하는 '그린 마케팅'이 활발하게 진행되면서 녹색 미학이 대두되었다.

'초록색은 곧 자연'이라는 등식은 현재의 트렌드에 여전히 반영되고 있는데, 아파트 e-편한세상에서 초록색을 아파트 외장재에 사용하는 것이 그 좋은 예라 할 수 있다.

최근에는 좀 더 적극적인 자연보호의 개념을 나타내는 유기농 음식, 유기농 화장품, 유기농 스타일의 잡지 및 패션 등 유기농 제품에 대한 선호도가 높아지고 있다.

특히 자연과 건강을 중시하고 느리게 살고 싶어 하는 대표적인 소비자 집단 중 하나가 로하스 컨슈머(LOHAS Consumer : Lifestyle Of Health And Sustainability)이다. 로하스 컨슈머란, 건강과 함께 환경 보존을 중시하는 방식으로 생산된 상품을 찾는 생활 방식의 소비자들이다. 미국에는 이러한 소비자 시장이 점차 증가하는 추세로 식품뿐 아니라 화장품, 패션, 스포츠용품 등 시장이 다양화하고 있다. 유기농 관련 제품들은 기존의 자연과 동일시되던 초록뿐 아니라 오프화이트에서 밝은 크림베이지에 이르는 내추럴 화이트 계열을 많이 사용한다.

느리게 살고 싶어 하는 소비자들의 바람은 인스턴트식품을 배제하고 전통적 조리법에 의존하는 슬로우 푸드 운동이나 반(反)디지털을 표방하는 슬로우 시티 운동으로 대표된다. 슬로우 운동은 식생활뿐만 아니라 사회 전반에 걸쳐 확산되고 있다. 이탈리아의 브라(Bra) 지방에서 시작된 슬로우 시티 운동은 세계적으로 하나의 트렌드가 되고 있다. 슬로우(slow)는 삶의 즐거운 면을 누리기 위한 여유의 뜻을 내포하는 것으로, 사람들이 선호하는 컬러도 각박하고 빠른 강렬한 특성으로부터 여유롭고 부드러운 톤으로 바뀌고 있다.

가공식품을 거부하고 유기농 음식을 선호하는 추세에 맞춰 식문화에 사용되는 컬러도 변하여 주로 입맛을 돋우는 컬러가 아닌 건강식의 개념이 첨가된 색채를 사용한다. 기존의 패스트푸드 음식점은 빨강을 주색으로 사용한 반면, 자연식품이나 샐러드바, 유기농 식품은 주로 밝은 초록색 계열의 컬러를 사용한다. 녹차를 함유한 녹차우유나 녹차두유에서부터 클로렐라를 첨가한 초록색 햄 등 건강 지향적 이미지를 부각한 녹색 열풍이 식품 업계에 불고 있다. 또한 최근 건강에 대한 관심을 대표적으로 반영하는 컬러는 단연 검정이다.

디지털 시대의 컬러

디지털 시대를 한마디로 정의하는 것은 상당히 위험 부담을 감수해야 할 만큼 디지털 시대에서의 변화는 지속적이며, 변화의 속도 역시 이전과는 비교할 수 없을 정도로 빠르다.

디지털의 흐름 속에서 컬러도 시대에 부합하고 있다. 디지털 시대의 컬러는 빛을 통한 투명한 소재의 예측하지 못한 신비감, 또는 온도에 의한 색의 변화와 빛의 반사로 착시를 유도하는 그래픽과 같은 성질을 갖게 되었다. 빛의 위치에 따라 다른 느낌을 주는 유리와 펄 같은 테크니컬한 신소재를 결합한 신개념의 자동차 컬러는 디지털 시대의 컬러 특성을 잘 나타내 준다. 가전제품과 화장품에도 펄이 들어간 색을 적용해 보는 각도에 따라 색이 무지갯빛을 띠는 효과를 내는 것을 종종 볼 수 있다.

미래에 유행할 컬러에 대한 직접적이고 명확한 해답을 제시할 수는 없지만, 이러한 경향들에 대한 이해를 바탕으로 앞으로 지속적으로 사용 빈도가 증가되고 소비자들이 선호하게 될 컬러 트렌드의 특성을 파악할 수는 있다.

장기적으로 볼 때 감성을 중시한 컬러 마케팅의 중요성이
점점 더 강조될 것이고, 환경과 자연보호의 필요성이 점차 커
지면서 생태학적 컬러에 대한 선호도도 높아질 것이며, 그리
고 기술 진보에 따른 디지털 시대의 컬러도 점차 각광받게 될
것으로 전망된다.

컬러 마케팅 ^{유형}

　기술의 발전으로 인해 각 제품 간의 품질 차이가 줄어들면서 기업들은 수많은 제품을 비롯하여 브랜드의 홍수 속에서 어떻게 하면 자사를 인식시키는 데 성공할 것인가에 골몰하고 있다. 더욱이 기업들은 치열한 광고전 속에서 소비자의 눈에 들고 강한 인상을 심어 주기 위해서는 어떻게든 튀어야겠기에 컬러를 도입하기 시작한 것이다.

　미국에서 컬러 마케팅의 효시는 1920년에 파커사가 출시한 빨간색 만년필을 꼽는다. 이전의 검은색 또는 갈색에서 벗어나 립스틱을 연상시키는 빨간 만년필을 출시함으로써 파커사는 엄청난 매출 신장을 기록했다. 이후 1930년대 미국의 GM사는 자동차에 컬러를 도입해 인기를 끌면서 이러한 컬러 마케팅은 색채에 대한 전문적인 연구로 이어졌다. 컬러의 위력은 오늘날 더욱 강해졌고, 세계의 유명 기업들은 컬러를 마케팅의 중요한 요소로 사용하고 있다.

다시 말해서 컬러로 브랜드의 인상을 심어 브랜드를 식별하게 해 준다. 제조회사는 컬러를 이용해 소비자가 상품을 선택할 때 종류와 기능, 특징, 가격 차이를 한눈에 알 수 있게 하는 것이다. 가령 집 안에서 사용하는 청소기를 구입할 때는 가볍고 심플한 디자인의 상품이 인기 있다. 청소기 제조회사는 가벼운 느낌을 주는 흰색이나 베이지색 같은 파스텔 톤의 청소기를 만든다. 자동차용이나 주차장용 청소기를 사려는 소비자는 크기에 비해 단단하고 튼튼해 보이는 것을 선호하는 경향이 있어 흑회색이나 진회색 제품이 인기가 있다.

컬러 마케팅의 유형은 매우 다양하다. 단일 색상으로 기업 로고, 심벌, 제품, 포장, 매장에 이르기까지 일관되게 통일시키는 컬러 마케팅을 비롯하여 다양한 컬러의 제품을 소비자에게 제공함으로써 선택권을 보장하여 만족도를 높여 주는 컬러 마케팅에 이르기까지 그 폭은 상당히 넓다. 고정관념의 컬러에서 벗어나 소비자들에게 파격적인 컬러로 소비를 자극하고 촉진시켜 매출 증가의 효과를 얻는 것이 요즘의 추세다. 물론 세 가지가 서로 섞인 형태로 나타날 수도 있다.

따라서 각 분야에서 강렬하게 소비자의 시선을 사로잡은 컬러 이미지, 널리 알려진 독특한 컬러 마케팅 유형을 대표적인 사례를 통해 알아본다.

선택의 범위를 다양하게

여러 색을 활용하는 기업은 주로 화려함을 강조해야 하는 패션 산업에서 많이 발견할 수 있다. 세계적인 의류 브랜드인 베네통은 'United Colors of Benetton'이란 슬로건처럼 시즌별 컨셉이 달라지지만 이탈리아 특유의 화려한 색감을 보여 주는 여러 컬러를 통해 소비자들에게 즐겁고 다양한 선택을 할 수 있게 한다. 다채로운 컬러 감각은 소량 다품종 전략과 잘 부합되어 전 세계적으로 부동의 감각 패션계를 이끌고 있으며 패션계 컬러 마케팅의 정석으로 자리 잡았다.

베네통은 유행하는 컬러 수요에 맞추기 위해 우선 옷부터 만들고 그 다음에 수요에 맞춰 염색하는 방법으로 고객들이 원하는 제품을 경쟁사들보다 빨리 공급할 수 있었다. 예를 들어 수요가 빨간색일 경우 컬러가 없는 의류를 빨간색으로 염색하여 즉시 대중의 요구를 만족시킨 것이다.

베네통 광고에 등장하는 흑인, 황인, 백인들의 다양한 모습들은 컬러의 묘한 조화와 배치를 통해 강한 메시지를 담고 있다. 다양한 인간들의 문제를 부각시키는 데 앞장서고 있으며, 평화와 발전의 메시지를 비롯하여 사회적 이슈를 스캔들화하면서 충격 요법을 통해 베네통의 이미지를 더욱 강하게 각인시킨다.

누구나 한 번쯤은 맛보았을 엠엔엠즈(M&M's) 초콜릿을 떠올리면 맛보다는 색색의 화려한 컬러가 먼저 생각날 것이다.

호기심을 자극하는 컬러로 먹는 즐거움뿐만 아니라 보는 즐거움도 함께 제공하는 엠엔엠즈는 자사 홈페이지에 21가지 컬러의 초콜릿 중에서 마음대로 골라 주문할 수 있는 코너가 있다. 선택한 컬러의 초콜릿을 섞으면 어떤 모양이 되는지 시뮬레이션을 보면서 고르는 재미도 함께 느낄 수 있다. 엠엔엠즈 초콜릿은 언제나 똑같은 맛이지만 이렇듯 아기자기한 이벤트를 통해 소비자들에게 재미와 즐거움을 선사하고 있다.

화장품 브랜드 슈에무라(Shu Uemura)의 딥시워터(Depsea Water)는 천연 아로마를 배합한 스킨 후레쉬 토너로, 8가지의 성분과 피부 타입에 따라 열대 지방의 과일과 꽃을 연상시키는 초록·오렌지·파랑·핑크의 화려한 색감 등 자연의 색상을 그대로 구분해 놓았다. 슈에무라는 태국을 여행하면서 얻은 영감을 바탕으로 시시각각 그 자태를 달리하는 자연의 균형에서 찾은 긍정적이고 화려한 아름다움을 표현한 파라다이스를 테마로 하고 있다.

소니 제품은 컬러로 스타일을 표현한다. 성능뿐만 아니라 작고 세련된 디자인으로 젊은 층의 사랑을 받고 있다. 전자제품의 패션화에 앞장서고 있는 소니의 빨간색, 분홍색, 하늘색 제품들은 첨단 기능으로 승부하는 제품이라기보다는 예쁘고 깜찍해 갖고 싶은 맘이 절로 들게 하는 소품처럼 느끼게 한다.

소비자들의 욕구가 다양해지면서 여러 가지 컬러의 제품을 제공할 경우에 소비자들의 선택 폭이 넓어진다는 장점이 있다. 그러나 이러한 컬러도 잘못 계획되면 오히려 소비자들에게 혼란만 가중시킨다. 따라서 다양한 컬러를 계획할 경우 제품이 가지는 특유한 컨셉과 테마가 통일성을 갖도록 해야 한다.

다양한 컬러를 보여 주는 제품은 비교적 값이 싼 제품들이다. 자동차나 가구처럼 오랜 기간 사용해야 하는 제품을 구입할 때 소비자는 새로운 컬러를 선택하는 모험 앞에서 여러 가지 기준을 가지고 망설이게 된다.

생산자 입장에서도 비용 문제를 안고 가야 한다. 계획 단계부터 잘 팔릴 것으로 예상하고 밀어주는 메인 컬러와 메인 컬러를 돋보이게 하거나 구색을 맞추기 위해 적용된 배경 컬러가 있어야 한다. 의류나 액세서리처럼 패션성이 강하고 실패해도 위험 부담이 적은 제품은 다양한 컬러를 보여 주는 전략이 효과적이다.

컬러 파괴로 개성 있게

컬러 파괴 현상은 식탁 위에서 가장 활발하게 진행되고 있어 우리들은 입으로가 아닌 눈으로 먹는 시대에 살고 있다. 특정 음식에 따라 자연스럽게 연상되는 색상이 이제는 선입견에 불과하다. 개성을 중시하는 소비자들의 입맛을 사로잡기 위해 각종 음식에 색다른 컬러들을 접목시켜 시각적으로 호기심과 관심을 불러일으키고 있다.

결국 먹고 마시는 것도 예쁘고 튀어야 소비자에게 어필할 수 있다는 결론이 성립된다. 이에 부응하기 위해 식음료 업계에서는 무색투명한 색상이나 고정관념의 색상보다는 오렌지·파랑·노란색 등 원색적인 색상을 띠는 음료와 식품이 생산되고 있다. 이는 나만의 패션을 원하는 신세대 취향에 잘 맞아떨어지고 있으며, 남다른 모습과 튀고 싶다는 생각을 갖고 있는 소비자들이 늘어나면서 컬러 파괴 마케팅이 지속적으로 반영될 것으로 전망된다.

일반적으로 주황색과 빨간색은 식욕을 불러일으키고, 검은색과 파란색은 식욕을 떨어뜨리는 컬러로 인식되고 있다. 그러나 하인즈사에는 초록·보라색 케첩과 파란색 감자튀김을 선보였고, 미국의 파케이(Parkay)에서는 분홍·파란색 마가린을 출시했다. 켈로그(Kellogg)는 우유를 파랗게 변하게 하는 콘플레이크를 출시하기도 했다.

이처럼 파격적인 컬러의 식품들은 일시적인 주목을 끌고 신세대들에게 좋은 반응도 얻지만 지속적인 판매량으로 연결되기는 어렵다는 분석이다. 하지만 소비자들이 항상 보아 왔던 색상에서 벗어나 파격적이고 새로운 색상을 적용한다면 우선 관심을 끌 수 있고 새 브랜드를 알리는 데도 효과적이다.

우리나라에서의 파격적 컬러 마케팅을 살펴보면 다양한 분야에서 전개되고 있다. 최근 생식 전문 업체에서 핑크색 생식을 출시해 화제를 모으고 있다. '생식=초록색'이라는 고정관념을 깬 파격적인 색상의 출시는 여성에게 초록색과는 다른 로맨틱한 감성을 불러일으킨다는 이유에서이다.

우유는 흰색이라는 고정관념을 뒤엎은 검은색과 초록색 우유가 좋은 반응을 얻고 있다. 몸에 좋은 검은콩과 검은깨, 녹차를 넣었다는 설명보다는 시각적으로 소비자들의 관심을 끌고 있다.

우유뿐만 아니라 흰색 가공식품 전체가 컬러 열풍에 휩싸여 있다. 시금치·호박·당근 등을 넣어 요리한 뒤 각각 초록색·노란색·주황색 등 아름다운 컬러를 구현하는 컬러 밀가루는 감성적인 신세대 주부들의 인기를 얻고 있다.

흰색이나 메밀 색이 전부였던 국수 역시 천연 기능성 원료를 첨가하여 원료의 색을 그대로 살린 컬러 국수가 소비자들의 눈길을 사로잡고 있다.

'마요네즈는 희다'라는 고정관념을 버리고 딸기·바나나·키위 등 천연 과일을 마요네즈에 넣어 분홍·노랑·초록색을 띤 색다른 맛의 제품이 나왔다.

치즈와 햄, 설탕, 멸치도 무지개 패션이다. 철분과 칼슘이 풍부한 유기농 시금치와 당근 생즙을 넣어 기존의 노란색이 아닌 녹색과 붉은색 치즈가 출시되었다. 설탕에 천연 색소를 첨가해 노랑·파랑·분홍빛으로 오색찬란한 플라워 슈가도 나왔다. 선인장 열매인 백련초와 치자나무 열매의 색소를 멸치에 코팅하여 빨갛고 노란색의 컬러 멸치가 식탁을 더욱 화려하게 한다.

또한 음료 시장에서도 미각에 앞서 시각을 자극하는 컬러 바람이 거세게 일어 음료수 진열장은 무지갯빛 향연이 펼쳐지고 있다. 콜라 음료에서 코카콜라가 붉은빛이 감도는 '체리코크'를 출시한 데 이어, 롯데칠성음료가 파란색의 '펩시블루'와 노란색 '펩시트위스트', 해태음료에서 노란색의 '콤비 옐로콜라' 등 '콜라=검다'는 등식을 파괴했다.

시계를 패션으로 정의한 스와치 디자인 컨셉은 시계 하나하나가 예술 작품이라는 데 초점을 맞춘다. 이전에는 시간을 알려 준다는 시계의 본질적 목적 때문에 단순한 디자인이 선호되어 왔다. 그러나 소비자들은 옷 색깔이나 계절에 따라 다양한 패션 연출을 원하기 때문에 최첨단의 디자인을 끊임없이 내놓고 있으며, 한 번 시도한 아이템은 절대 반복 하지 않는다. 시계도 패션의 일부로서 핑크색, 오렌지색 등 과감한 컬러를 도입하고 있다.

백색가전이라고 불릴 정도로 흰색 아니면 검은색 일변도였던 가전제품에도 다양한 컬러와 고급스런 디자인으로 컬러화 바람이 불고 있다. '주황색 냉장고' '핑크빛 에어컨' '하늘색 김치냉장고' '보라색 TV' 등 다양한 색상의 가전제품들이 등장하여 빠른 속도로 백색가전 시장을 잠식해 가고 있다.

백색가전의 컬러화는 고급 브랜드에서 더욱 두드러지고 있다. 그 대표적인 것이 냉장고이다. 금은색 계통의 색상이 이미 흰색을 밀어 내고 주류를 이루고 있다. 냉장고는 양문(two door)형의 대형화가 이뤄지면서 냉장고 외관이 화려한 색상과 다양한 재질로 구성되고, 실내 인테리어와 조화를 이룰 수 있는 다양한 컬러의 제품들이 출시되고 있다.

삼성전자의 양문형 냉장고 지펠(Zipel)은 냉장고 앞면에 파란색·빨간색·갈색 등 색깔 있는 강화유리 디자인을 채택한 '인테리어 지펠'도 등장했다. 백색가전의 대표 격인 냉장고와 에어컨 신제품에 금속성 티타늄 등 독특한 색을 새롭게 채용하고 있다. 지펠 냉장고와 하우젠 에어컨 제품에는 화장품에 많이 쓰이던 '라벤더 블루(연보라)'를 채택하여 주 소비층인 주부들에게서 좋은 반응을 얻었다. 에어컨의 경우 전체 판매량의 3분의 1이상이 라벤더 블루 색상 제품일 정도이다. 하우젠 에어컨은 라벤더 블루, 드림 브라운, 트로피컬 레드 등 다양한 컬러로 패널 교환을 할 수 있어 집 안의 인테리어와 조화를 이룬다는 점이 특징이다.

LG전자는 디오스(DIOS) 냉장고 모델을 출시하면서 고급 스테인리스를 연상케 하는 티타늄 색상을 적용했다. '스페이스 디오스' 제품에는 10여 가지 색상을 추가해 원하는 색상을 소비자가 취향에 따라 선택할 수 있도록 했다.

이탈리아의 가전제품 회사인 SMEG는 깨끗하고 신선한 이미지로만 생각되었던 냉장고를 원색의 빨강과 아쿠아 블루 색상으로 젊은 세대의 감성을 자극시켜 젊은 층에서는 누구나 갖고 싶어 하는 상품이 되었다.

그 밖에 소형 가전의 컬러 마케팅을 가장 실감할 수 있게 하는 제품은 휴대폰이다. 빨강, 파랑 등 컬러 제품이 나오긴 했지만 그렇게 큰 인기를 얻지 못했던 것에 반해 최근 여성들에겐 분홍·노랑·빨강 계열이, 남성들에겐 파랑 계열과 은색·

진한 황금색이 인기다. 디지털 카메라도 사이버 연두색과 진한 빨간색의 니콘 제품, 강렬한 빨강의 소니 제품, 노란 색상의 카시오 제품, 보는 각도에 따라 색깔이 달라 보이는 카멜레온 블루나 화이트 실버의 삼성전자 제품 등이 화려한 색상을 주도한다. 그런가 하면 검정과 은색이 대부분인 노트북 시장에서도 흰색이 등장했다.

보수적인 우리나라 소비자들은 자동차 색상도 검은색, 회색, 흰색 위주로 선호해 왔으나 국산 자동차 색상도 갈수록 화려해지고 있다. 소비자들은 소형차는 흰색, 고급차는 검은색을 주로 찾았지만 최근에는 듣기만 해도 상큼함이 배어 나오는 예쁜 '제3의 색'을 선호하고 있다. 구매 연령층이 낮아지고 여성 고객이 늘어남에 따라 고객 세분화를 통한 여성 전용 제품을 출시하고, 여성을 겨냥한 다양한 색상을 개발하는 등 여심(女心) 잡기에 총력을 기울이고 있다.

이를 반영하듯 2002년 9월에 출시된 르노삼성 SM3는 2003년 2월까지 팔린 자동차 중 은하늘색이 41%로, 흰색(32%)을 제치고 가장 수요가 많았다. 현대자동차 뉴EF쏘나타의 2002년 컬러별 판매량도 진주색, 흰색, 은비색, 검정색, 진회색의 순으로 다양해지고 있다. 또한 GM대우자동차 칼로스는 해맑은 연두색과 금모래색을, 라세티는 청옥색을 선보여 각광을 받았다.

현대차는 투싼을 출시하면서 신은색, 연매실색, 지중해 물빛색 등 총 여덟 가지 색상을 적용했다. 또 뉴EF쏘나타는 내

외장을 업그레이드하여 부분 변형을 하면서 기존의 어둡고 무거운 색상에서 밝고 화사한 느낌을 주는 색으로 바뀌었다. 우윳빛의 은이슬색은 빛의 위치나 시간에 따라 색이 달라지는 신개념 색상이다.

기아자동차는 고급 대형 승용차 오피러스를 출시하면서 흑장미색이라는 독특한 색상을 선보여 눈길을 끌었다. 이는 기존의 고급차들이 대부분 검정색을 주력 색상으로 채택했던 것에서 벗어난 것이다. 흑장미색은 우아하고 품위 있는 색상으로 차별화된 컬러 마케팅 전략을 통해 특히 여성 고객에게 좋은 반응을 얻고 있다.

사실 자동차 분야의 컬러 마케팅은 어제오늘의 얘기가 아니다. 국내에서는 현대자동차가 지난 1994년에 초록색과 분홍색의 엑센트를 출시하면서 본격적인 컬러 마케팅 시대를 열었다. 이어 1998년에는 대우자동차가 경차 마티즈에 황금색을 도입, 자동차 색상의 차원을 한 단계 높였다.

소비자들의 색상 선호도가 계속적으로 변화하고 있어 소비자의 니즈 파악이 무엇보다 중요한데, 파격적인 색상을 도입하면 기존 디자인의 변화 없이도 신차라는 느낌을 줄 수 있어 자동차 컬러 마케팅의 중요성은 더욱 강조되는 것이다.

카드 업계에서도 금색, 은색이라는 컬러의 고정관념을 깨고 신선한 광고와 함께 소비자의 시선을 끈다. '미니스커트를 입은 남자'라는 파격적 이미지 광고를 통해 보여 준 현대카드 미니 M의 특징은 컬러에서부터 크기까지 기존의 신용카드의 고정 이미지를 단숨에 깨는 것이었다. 이전까지는 대체적으로 안정감이 있는 은회색과 금색 계열을 주로 사용하여 중후한 고급스러움을 느끼게 하는 것들이 주류였던 데 반해 신세대 취향에 맞도록 다섯 가지 컬러로 액세서리 개념을 도입했다.

따뜻한 색감과 순수성을 지니고 있어 왕가의 권위를 나타내는 아이보리색, 이슬을 머금은 체리 열매의 강렬한 캐릭터를 가지고 적극적인 삶을 지속하는 노란색, 무채색이 주는 모던함과 세련미를 갖춘 의지가 강하고 원대한 희망과 꿈의 색채인 검은색, 현대 도시 문명의 상징으로 푸름과 발랄함을 느낄 수 있는 네온(Neon), 아름다움과 미래와 신록의 계절 봄을 상징하며 자연의 싱그러움으로 보는 이의 마음을 푸근하게 하는 에메랄드의 녹색 등, 신선한 컬러의 도입과 컬러 컨셉으로 공격적인 행보를 보이고 있다.

단일 컬러로 강력하게

3월이면 우리는 봄을 느낄 수 있다. 그리고 입학식과 여성들의 옷차림에서 가장 먼저 봄 냄새를 맡는다. 우리가 일반적으로 생각하는 봄의 색이란 명도와 채도가 높은 색, 그중에서도 가장 먼저 떠오르는 색은 노란색과 초록색이 아닐까 싶다. 왜 우리는 노랑, 연두, 초록색을 보면 봄을 연상하게 되는 것일까?

색이란 오감 중에서 가장 기본적으로 시각이라는 감각으로 다가온다. 하지만 실제로는 시각 이외에 다른 감각으로도 파급되는 경우가 많다. 색채가 시각 이외에 다른 감각으로 전이되는 현상을 '감각전이'라고 한다. 광고 속에서도 색의 감정효과를 이용한 광고들을 우리는 일상생활에서 흔히 접할 수 있다. 특히 미각과 관련된 색은 주로 색의 연상성이 작용하게된다. 우리가 노랑, 연두, 초록색을 보면 봄을 연상하듯이 색은 우리에게 여러 가지 연상 효과를 불러일으킨다. 빨강 하면떠오르는 브랜드와 제품, 로고가 있을 것이다. 이러한 컬러 마케팅을 통해 고객이 기업의 로고나 심벌뿐만 아니라 해당 컬러만 보아도 기업이 생각나도록 컬러 이미지 효과를 노리고있다. 이처럼 한 가지 색상을 일관되게 적용하는 컬러 마케팅의 위력은 실로 놀랄 만하다.

프랑스의 유명한 패션 브랜드인 '샤넬'을 생각하면 아마도대부분 사람들은 'C'자 두 개로 만든 로고와 검정색으로 꾸민매장 인테리어를 떠올릴 것이다. 새로 나오는 제품마다 용기나 패키지를 바꾸는 화장품 회사와는 달리 샤넬 화장품은 70여 년 동안 한결같이 검정색 이미지를 고수하고 있다.

로맨틱 스타일의 디자이너 안나 수이(Anna Sui)는 어두운 보라색을 사용한다. 흔히 보라색을 좋아하는 사람은 미인이거나천재 또는 괴짜라고 한다. 그 말 속에는 안나 수이가 보라를쓴다는 것은 메이저보다는 마이너를 타깃으로 한다는 것, 독특한 컨셉으로 마니아를 공략한다는 이미지가 강하다. 마케팅시장에서 그만큼 불리함으로 작용할 수 있는 색을 과감하게 채택, 고정관념을 깬 안나 수이의 보라색은 여성들의 당당함과 자유로움을 표현한다. 화장품 브랜드에 있어서 안나 수이의 색상과 디자인은 기존 브랜드와는 180도 다른 선택권을 제시했고, 소비자들은 안나 수이의 보라를 향해 손을 뻗었다. 쓰고 싶지만 선뜻 쓸 수 없는 보라에 대한 동경을 마케팅과 광고로 승화시켜 보라를 마음껏 쓰는 겁 없고 당당한 자유스런 브랜드로 성공시켰다.

이처럼 세계적인 명품 브랜드들은 대부분 자기만의 고유한 이미지 컬러를 가지고 있다. 페라가모(Ferragamo)하면 빨강, 에르메스(Hermes)하면 주황색이 떠오른다. 환경보호 운동으로 유명한 바디샵(Body shop)은 초록색, 화장품 브랜드인 메리케이(Marykay)는 핑크색을 일관되게 사용한다. 빨간색의 코카콜라, 노란색의 코닥필름, 초록색의 후지필름, 파란색의 펩시콜라 등도 여기에 속한다.

하나의 컬러만을 고수하는 마케팅 전략은 브랜드의 고유한 이미지를 소비자의 마음속에 지속적으로 각인시키는 효과적인 방법이다. 우리나라 브랜드에서도 이런 예들을 찾아볼 수 있다. 대표적인 것으로 우리나라의 '빨간통 파우더' '노란약 트라스트' '오렌지색 엔시아' '초록매실' 등이 있다.

대표 색을 내세운 단일 컬러로 소비자에게 친숙함을 강조하기 위해 색상을 브랜드 및 기업 이미지와 연결시키는 컬러 마케팅 전략이 정유업계 광고에도 등장해 눈길을 끈다.

에스오일은 노란색 자동차를 지속적으로 TV 광고에 등장

에스오일은 노란색, SK(주)는 빨간색, LG칼텍스정유는 초록색으로 자사 컬러 이미지를 앞세운 광고를 방영하고 있다.

시켜 강아지들의 '쉬 세례'를 받거나 등에 짐을 가득 싣고 경사진 비포장 고갯길을 오르는 고달픈 상황에서도 "에스오일만 넣어 준다면 주인님을 용서한다"라는 내레이션을 통해 'Car Loves S-Oil'이라는 메시지 전달에 주력했다.

SK(주)는 '빨간 모자 아가씨'로 색깔 있는 광고를 선보이고 있다. 빨간 모자만 보면 SK주유소 직원으로 착각해 덜컹하는 소리와 함께 차의 주유구가 열린다는 스토리로, 빨간색 하면 SK라는 등식을 시청자에게 강하게 각인시켜 준다.

현대오일뱅크는 푸른빛 주유소에서 파란색 유니폼에 모자를 쓴 모델을 등장시켜 친절한 고객 서비스를 내세우는 컬러마케팅을 전개하고 있으며, LG칼텍스정유도 바다·꽃·들과 같은 자연을 소재로 한 광고를 내보내는 등 초록색 이미지를 강조한 마케팅을 이어가고 있다.

컬러는 늘 새로운 느낌으로 다시 태어난다. 같은 컬러라 해도 전달하고자 하는 이미지를 어떻게 표현하느냐에 따라 천차만별의 느낌이다. 빨강의 경우 붉은 악마의 빨강이 대한민국의 젊은 열정과 단합을 보여 줬다면, 도도화장품의 '새빨간 거짓말' 속의 빨강은 파격적인 도발을 의미한다. 비씨카드의 빨간색 로고는 광고 속에서 모델의 환한 웃음과 함께 빨간 사과, 빨간 모자의 소품을 이용해 즐겁고 경쾌한 이미지로 새롭게 부각되었다.

같은 컬러라도 어떤 제품, 어떤 광고 이미지로 표현하느냐에 따라 전혀 다른 얼굴로 새롭게 태어난다. 이것이 컬러 마케팅의 매력이자 주의해야 할 점이다.

따라서 이제부터는 심플 컬러별로 심벌·로고·브랜드·제품·포장·광고·매장 등에 일관되게 적용된 컬러 이미지의 대표적 사례를 통해 컬러를 효과적으로 사용하는 마케팅 전략에 대해서 살펴보겠다.

사랑받는 컬러, 빨강

2002 한일 월드컵 당시 '레드 열풍'을 몰고 온 붉은 악마.

'빨강'하면 한국 축구대표팀 유니폼은 물론이요 'Be the Reds'라고 쓰인 응원단 티셔츠, 붉은 악마, 그리고 관중석 앞에 빨간색의 펜스 광고들이 떠오르는 2002 한일 월드컵 경기가 연상될 것이다. 월드컵 이후 거리에서도 빨간색 옷을 입고 다니는 사람들이 훨씬 많아졌으며, 금기시되던 빨간색이 '레드 열풍'으로 인해 새롭게 사랑받는 컬러로 떠올랐다.

식욕을 파는 컬러

일반적으로 붉은 계열의 색은 식욕을 왕성하게 한다. 이는 '음식은 따뜻하다'는 이미지 때문이기도 하다. 빨강은 공복감을 불러일으키고 소화작용을 돕는 색이어서 거리를 걷다가도 빨간색 마크를 보면 '잠깐 들를까?'하는 기분을 들게 만든다. 고추장, 타바스코 소스, 칠리소스, 케첩, 딸기쨈 등 빨간색을 보면 입 안에 침이 가득 고이고 음식도 훨씬 맛있어 보인다.

식음료 제품은 브랜드를 비롯하여 포장이나 용기에도 붉은 계열 색상을 주로 사용한다. 웅진식품의 '가을대추', 해태음료의 '큰집대추' 등 건강음료들도 제품의 색과 일치하게 포장에 빨강을 메인 컬러로 사용한다. 해찬들의 매운맛 태양초고추장은 제품의 특성을 전달하기 위해 제품 용기 전체를 빨간색으로 했다. 해찬들의 기업 로고는 햇살이 가득한 들녘의 강한 생명력을 상징화한 것으로 빨간 사각형 안에 '해찬들'이란 글자가 있는 형태이다. 케첩으로 유명한 오뚜기도 기업 로고에서 빨간색을 사용하여 입맛을 다시는 어린이의 모습을 재치 있게 표현했다.

과자류 중에는 새우깡의 포장이 빨간색이다. 첫 출시 때는 새우의 기다란 수염을 연상시키는 로고 타입과 빨간 새우 그림을 그려 넣고 그물 모양의 패턴 안으로 내용물이 훤히 들여다보이는 포장이었다. 그러다가 포장 기술의 발달로 1989년에 개발된 '원조 새우깡'은 안이 들여다보이지 않도록 빨간색을 제품 포장 전체에 사용했다. 새우깡의 빨간 포장은 어른들에게 옛 향수를 불러일으키는 역할에다 식욕을 자극하는 효과도 있다.

이외에 롯데제과의 날씬감자·제크·포칸, 해태제과의 후렌치 쿠키파이·코코넛 크래커·소프트 캐슬, 삼양식품의 꽃게랑·매운맛 콘칩 역시 빨간색 포장을 사용한다.

그러나 같은 식품 업종이라도 빨간색을 기피하는 경우도 있다. 아이스크림의 경우에는 죠스바, 스크류바, 딸기맛과 같이 빨간색을 사용해 성공한 예도 있지만 빨간색을 사용하면 덥다는 이미지를 주기 때문에 부분적으로 사용하거나 옅은 색채를 사용하는 것이 더 효과적이다.

세계적인 브랜드는 어떠한가? 맥도날드와 버거킹, KFC는 경쟁사이지만 로고 색에 있어서는 차별을 두지 않고 전부 빨간색을 사용한다. 빨간 바탕에 노란색으로 'M'자를 자연스럽게 둥글려 놓은 맥도날드의 로고는 프렌치프라이 두 개를 구부려 놓은 모양이다. 이 M자 디자인은 디자인 전문가들에게 한때 실패한 사례로 혹평을 받기도 했다. 그러나 선명한 색채와 프렌치프라이를 연상시키는 단순한 디자인이 오히려 식욕을 자극시키고 지나가는 행인들의 눈길을 사로잡아 전 세계적인 패스트푸드 음식점으로 자리 잡는 데 한몫을 했다.

백여 년 전 빨강 하나를
자기 색으로 정한 코카콜
라는 마케팅의 전 영역에
서 빨간색만 사용하고 있
다. 일반적으로 빨간색은
사람을 다소 흥분시키는 경
향이 있다고 한다. 코카콜
라의 빨간색은 색상의 특징
과 제품의 특징이 잘 부합

코카콜라에 의해 이미지 메이킹된 산타클로스.

된 사례로, 빨간색의 강렬함과 코카콜라의 짜릿한 맛이 하나
로 잘 어우러진다.

코카콜라는 전 세계 2백여 개국에서 하루 약 10억 잔 이상
소비되는 제품으로, 인터브랜드 선정 세계 최고 브랜드로 브
랜드 가치만도 약 704억 달러(약 83조 원)이다. 코카콜라는 특
유의 맛과 로고를 변화시키지 않는다. 코카콜라 브랜드의 핵
심이기 때문이다.

산타클로스 하면 당연히 떠오르는 빨간색 외투와 흰 콧수
염도 코카콜라가 마케팅을 위해 만들어 낸 이미지이다. 그전
까지 전 세계에 퍼진 산타클로스에 대한 전설이나 호칭, 옷은
지역마다 조금씩 달랐다. 산타클로스의 이미지도 꼬마 요정의
모습에서부터 장난꾸러기 요정, 싸움꾼 난쟁이 등 다양했으나,
1931년에 코카콜라 광고를 담당했던 화가 해든 선드블럼
(Haddon Sundblom)이 요즘 우리가 알고 있는 유명한 '빨간색

외투를 입은 뚱뚱한 할아버지 산타클로스'의 이미지를 재창조했다. 콜라 비수기인 겨울철만 되면 고전을 면치 못하는 코카콜라는 고심 끝에 겨울 이미지에 걸맞은 빨간 옷과 흰 수염의 산타클로스를 모델로 등장시킨 것이다.

전 세계 시리얼 시장을 양분하고 있는 켈로그와 포스트가 모두 빨간색 로고를 사용하고 있다. 수프로 유명한 캠벨수프의 로고 또한 빨간색이다. 캠벨은 브랜드 로고뿐 아니라 제품 포장과 광고, 웹사이트에 모두 빨간색을 사용해 소비자들의 식욕을 자극한다. 캠벨의 빨간색 로고는 처음 시작한 제품이 토마토 수프여서 토마토의 빨간색을 연상해 사용했다고 한다.

케첩으로 유명한 하인즈의 빨간색도 재료가 토마토였다는 점에서 로고를 빨간색으로 사용한다. 최근에는 어린이를 대상으로 한 빨간색이 아닌 녹색 케첩을 내놓아 차별화를 시도했다. 홍차로 유명한 립톤 티도 홍차의 색을 표현하는 빨간색 로고를 가지고 있다. 립톤 티의 심벌마크는 마도로스 모자를 쓰고 찻잔을 들고 있는 빨간색 복장의 콧수염 할아버지이다.

한편 주류업계에서 맥주병은 맥주의 산화를 막기 위해 빛의 투과를 막는 짙은 갈색을 띠는 것이 일반적이다. 다갈색 일색인 가운데 브랜드 이름과 맥주 색 자체를 빨간색으로 차별화를 시도한 맥주가 있다.

미국의 밀러 맥주의 레드독 브랜드와 우리나라 OB의 레드락은 일반 맥주보다 진한 맛을 나타내기 위해 빨간색을 맥주병에 도입하였다. 일본에 진출한 보해는 일본의 아사히 맥주와 공동으로 개발한 호카이를 일본 지역에 선보여 큰 인기를 끌고 있다. 빨간색을 이미지 컬러로 사용해 소주병 디자인에 적용시킨 결과, 2002년 상반기에만 32만 상자를 일본 지역에 수출함으로써 2001년의 같은 기간보다 77%나 성장하는 호조를 보였다.

먹는 사업에 있어서 빨강에 대한 사랑은 로고에서 끝나지 않고 매장이나 간판 등 인테리어 분야에도 적용된다. 간판을 빨간색으로 하는 까닭은 사람들의 시선을 끄는 외에 식욕을 자극하기 위해서이다.

그런데 매장 안으로 들어가면 빨간색은 생각 밖으로 그리 많지 않다. 따뜻한 색상인 빨간색은 식욕을 불러일으키고 사람들로 하여금 편안한 느낌은 들게 하지만 노랑이나 주황에 비해 그 강도가 심해 불안감을 유발할 수도 있다. 때문에 매장 인테리어 일부에서만 빨간색을 사용하거나, 음식 자체는 빨갛지 않아도 쟁반이나 포장지 또는 제한적 조명을 이용해 부분적으로 빨간색을 활용하기도 한다. 또한 빨간색은 심리적으로 한자리에 오래 머물지 못하고 다음 손님을 위해 자리를 비워주는 효과를 낸다고도 한다.

따뜻하고 정감 있는 컬러

'정' '따뜻함'이 연상되는 빨간색을 제품에 활용하여 정감 있고 따뜻한 이미지를 소비자에게 전달한 사례를 찾아볼 수 있다. 제일제당의 즉석 쌀밥인 햇반은 포장에 붉은색을 사용하여 모락모락 김이 나는 밥에서 떠오르는 따뜻함과 정성, 가족 등의 이미지를 풍긴다. 더 보태어 "엄마가 해주신 밥"이라는 광고 카피로 따뜻한 정을 표현하고 있다.

맥스웰 커피도 제품 포장에 빨간색을 사용하여 다갈색 커피와 따뜻한 커피를 연상시키듯 빨간색을 통해 소비자들에게 따뜻한 느낌과 그윽하고 진한 커피의 맛을 전달하고 있다.

동양제과의 효자 품목인 오리온 '초코파이 情'은 오랫동안 사용해 오던 파란색 포장을 빨간색으로 교체했는데, 제품 광고의 주 컨셉인 정(情)에는 따뜻한 이미지의 빨간색이 더 적격이라는 판단에서이다. 또한 빨간색을 가장 선호하는 중국에서는 빨간 포장 덕분에 시장 점유율이 상승하고 있다.

다시다의 빨간색 포장은 광고에서 강조하는 고향의 맛, 어머니의 손맛, 정이라는 주제가 소비자들에게 어필할 수 있도록 도와주는 역할을 한다.

교원교육의 빨간펜 광고를 보면 우선 눈에 띄는 것이 빨간색 사각형 라인이다. 교육을 빨간색으로 표현해 내고 선생님들이 써 주시던 '참 잘했어요'라는 빨간 글씨를 기억하게 하는 감각적 전략을 쓰고 있다. 선생님의 사랑, 교육이라는 주제를 빨간색으로 표현해 빨간색 하면 교원교육이 생각나게 하는 효과를 가져 온 것이다.

여성의 감성을 움직이는 컬러

미국 담배 업계인 필립모리스사의 말보로는 브랜드 로고에 붉은색을 활용한다. '5월처럼 순한(Mild as May)'이라는 테마를 가지고 1926년에 출시된 여성용 순한 담배인 말보로는 처음에는 상아색 필터를 가진 하얀 담배 패키지로 만든 것이었다. 1930년대는 여성의 립스틱 자국을 감추기 위해 필터를 상아색에서 빨간색으로 한때 교체하기도 했으나 당시 여성 흡연인구가 많지 않아 인기를 끌지 못했다. 그래서 1954년부터 말보로는 남성을 타깃으로 한 리포지셔닝(Repositioning) 전략을 본격적으로 실시했다. 정열을 상징하는 빨간색, 강렬한 로고, 집을 나타내는 삼각형의 날카로운 선 등으로 남성적 아이덴티티를 강조했다. 광고에서도 카우보이, 해군 장교, 사업가, 광부 등을 등장시켜 말보로를 피우면 남자로서의 진정한 만족을 얻게 된다는 점을 표현했다. 물론 광고와 제품 포장에서도 기본 색상을 강렬한 붉은색으로 설정하고 강인하고 거친 인상을 주기 위해 노력했다.

이처럼 빨강은 남성적인 색으로, 괴테는 빨강을 '색의 여왕'이 아니라 '색의 왕'이라고 표현했다. 빨강은 힘과 적극성, 공격성의 색으로 남성적이다. 중국에서도 빨강은 남성의 색으로 여기며, 이집트의 프레스코 벽화에도 여자의 피부는 노랗고 남자의 피부는 빨갛게 그려져 있다. 어느 언어권에나 빨강을 뜻하는 남자 이름은 많으나 여자 이름은 거의 없다. 그런데도

'빨강'을 남성적인 색이라고 인식하고 있는 사람은 그리 많지 않다.

빨강에 대한 인식의 변화로 인해 이제는 우아하면서도 활기 넘치는 여성의 색, 감성을 자극하고 열정과 정열을 드러내는 가장 강력한 색으로 다시 태어났다. 그래서 여성 전용 제품이나 화장품, 패션 업계에서 빨간색이 주로 사용된다.

도도화장품 '빨간통 파우더'는 유혹적인 빨간색 파우더의 성공으로 '빨간통 패니아'를 출시, 활발한 컬러 마케팅을 전개한 대표적인 제품이다.

붉은색은 시각적인 자극으로 인해 감정을 고조시키며 혈액순환을 활성화시키고 생리적으로 호르몬 분비를 지속시켜 적극적인 성향을 나타내는 색깔이라고 한다. 제품에서부터 광고에 이르기까지 온통 빨강을 사용해 여성의 피부를 생기 있게 연출할 수 있다는 이미지를 강하게 심어 주었다. 또 빨간색이 주는 도발적인 매력을 강조함으로써 여성 심리를 자극, 소비로 이어지게 만들었다. 도도를 떠올리면 곧바로 붉은색과 연결되는 컬러 마케팅의 전형으로 꼽힌다.

특히 도도화장품 광고는 정열, 열정, 자신감을 의미하는 빨간색 이미지와 어울리는 엄정화를 첫 모델로 선정해 '빨간통 파우더' 광고를 내보내 브랜드 인지도가 높아졌다. 이어 젊은 회사라는 이미지에 어울리는 또 한 번의 파격적인 광고를 위해 하리수를 모델로 선정, "새빨간 거짓말"이란 광고 문구에 빨간색을 적용하여 제품과 기업을 함께 소비자에게 인지시키는 일석이조의 효과를 얻었다.

'바르는 레드 와인'이라는 컨셉의 참존 디에이지에서도 빨간색을 발견할 수 있다. 디에이지는 빨간색을 브랜드와 로고뿐만 아니라 제품 용기에까지 사용하고 있다. 제품 성분 중 적포도주에서 추출한 폴리페놀이란 성분은 붉은빛을 나타내 준다. 광고에서도 빨간색을 사용하여 강렬한 인상을 주었다.

외국 브랜드에서는 페라가모와 엘리자베스 아덴의 향수인아덴뷰티 등에서 빨간색을 찾아볼 수 있다. 페라가모는 기업로고 자체도 빨간색이고, 제품과 포장에도 빨간색을 많이 쓰는것으로 유명하다. 기업 심벌 자체도 빨간색인 엘리자베스 아덴은 향수병 마개도 빨간색인 데다 포장도 빨간색으로 꾸며 매혹적이고 감각적인 여성을 위한 향수라는 것을 느끼게 한다.

유럽 전 지역에 가장 많은 점포를 보유하고 있는 패션 브랜드인 에스쁘리(Esprit)는 컬러를 적절히 활용해 자사 브랜드의이미지를 강조했다. 'Esprit Red'라는 말을 만들어 낼 정도로강한 붉은 캐릭터를 활용하여 매장을 장식하고 상품을 진열한다. 제품 광고를 비롯해 카탈로그 촬영 시에도 수많은 제품의색상 중 주 색상으로 붉은색을 활용함으로써 브랜드에 대한이미지의 주목성을 높였다. 전 세계 에스쁘리 매장의 간판 글씨도 같은 명도와 채도의 붉은색을 사용하여 통일된 이미지를전달하고 있다.

패션 업계 중에서도 특히 스포츠 의류 분야에서 붉은색을많이 발견할 수 있다. 빨강 같은 따뜻한 컬러는 사람을 흥분시켜 혈압과 맥박이 증가하고 내분비 작용이 활발해지며 체온이 오른다. 따라서 빨간색 옷을 입으면 근육의 긴장도가 높아져 칼로리 소모가 많아지므로 다이어트 효과도 있다. 이런 의미에서 스포츠용품은 따뜻한 컬러를 쓰는 것이 좋다.

2000년부터 스포츠 라인으로 사업 확장한 이탈리아의 프라다는 기존의 검은색 로고를 버리고 모든 아이템에 빨간 스트라이프 로고를 넣었다. 빨간 로고는 스포츠 의류의 재킷 목 부분과 소매, 모자의 측면, 신발, 가방, 바지 옆선 등에 부착하여 강렬한 인상과 활동적인 느낌을 잘 전달해 주고 있다.

빨강 단일 색으로 이루어진 나이키 로고는 그리스 신화에 나오는 승리의 여신인 니케의 날개를 빌려 열정적인 스포츠의 정신과 승리의 의지를 담고 있다. 국내 스포츠 브랜드 프로스펙스는 기업 로고와 심벌이 모두 붉은색이다. 심벌마크는 학이 비상하는 모습을 형상화한 것으로, 역동적인 스포츠의 의미를 상징하고 있어 강렬한 붉은색과 잘 어울린다.

구두 업계에서는 금강제화가 기업 로고에 붉은색을 사용하는 대표적인 기업이다. 쇼핑백에도 붉은색을 사용해 통일된 이미지를 살리고 있다.

국내 란제리 업계에서는 비비안과 BYC 모두 빨간색 로고를 사용한다. 비비안의 심벌은 달과 여인의 모습이다. 신비감의 상징인 달의 이미지와 아름다움의 상징인 여성의 인체를 빨간색으로 표현했다. BYC의 영문 기업명 또한 빨간 단일 색이다.

이동통신 업계에서는 여성 전용 요금제 및 여성 전용 핸드폰을 출시하여 감성적 만족을 충족시켜 주었다. 또한 여성 고객을 겨냥한 이동통신 서비스 '드라마'는 TV 광고에서 강렬한 빨간색을 사용하여 우아하고도 섹시한 이미지를 얻는 데 성공했다. 대부분 핸드폰이 백색이나 메탈 계열의 색상을 사용하는 것에서 역으로 접근해 알루미늄 광택이 강한 붉은색을 채택한 삼성전자의 드라마 시리즈가 국내는 물론 구미 지역에서도 큰 성공을 거두었다. 무채색 주도의 핸드폰 시장에 차별화를 시도한 붉은색과 화장품 케이스 콤팩트를 연상시키는 사이즈와 형태로 여성들이 작은 핸드백에 넣고 다니기에도 편리한 장점이 있어 여성층에게 선풍적인 인기를 누렸다.

여성 전용 신용카드에서도 빨간색이 많다. 국내 최초의 여성 전용 신용카드를 선보인 LG 레이디카드, 여성의 취향에 맞춰 서비스를 특화한 현대의 여우카드 등이 있다. 제일은행의 세렉트 카드는 파랑·녹색·빨강·보라 등 여섯 가지 컬러 중에서 고객이 선택하는 카드이다. 남성은 파랑, 여성은 빨강을 제일 선호하고 있다고 한다.

한편 같은 제조업이라 해도 철강이나 조선, 자동차 등 남성적 느낌을 주는 중공업체에서는 파란색이 우세하지만 여성을 위한 제품을 생산하는 경공업체의 로고에서는 빨간색을 쉽게 발견할 수 있다. 전통적인 고정관념을 파괴한 원색이 부엌 가구에도 많이 사용되면서 새로운 바람을 일으키고 있다.

부엌 가구를 제조하는 에넥스는 1992년 오리표씽크에서 에넥스로 기업명을 변경하면서 강렬한 빨강을 단일 색으로 사용했다. 대상이 여성인 만큼 친근한 느낌을 주기 위해서 빨강을 사용한 것이다. 에넥스는 20여 년 동안의 천편일률적인 원목 부엌 가구에서 벗어나 빨간 포도주 색상의 제품을 선보이며 매출이 급신장하고 있다. 부엌 가구 업체인 한샘은 영문 'HANSSEM'의 형태로 이미지화한 로고에서 빨강·파랑·노랑의 세 가지 색을 사용해 주부들에게 다가가고 있는데, 이 중에서도 빨강의 비중이 가장 높다.

가전업계에서는 더운 가전을 생산하는 회사의 로고에서 빨간색을 발견할 수 있다. 가스 기구 업체 린나이는 빨간 단일 색으로 영문명의 심벌을 사용한다. 오븐으로 유명한 동양매직도 모기업인 동양그룹의 빨간색을 그대로 사용하고 있다.

불을 많이 다루는 주방용품 브랜드에도 빨간 로고가 많다. 대표적인 것으로 프랑스의 물리넥스, 이탈리아의 프라보스크, 독일의 뷔스트호프가 있다. 프랑스의 유명 브랜드인 물리넥스는 커피포트, 주전자, 다리미, 믹서, 토스터 등 소형 주방용품으로 유명하다. 일본의 백색가전 사업 브랜드인 내셔널은 원래 일본 국내에서 판매할 때 사용하던 브랜드로, 브랜드 컬러는 빨간색이다.

즐겁고 경쾌한 컬러

붉은색은 활력을 의미하기 때문에 활력이 없는 사람들이

이용하면 치료 효과를 기대할 수 있다. 경로당이나 노인센터에는 빨간색이 별로 눈에 띄지 않는데, 빨강이나 그와 유사한 색을 인테리어에 사용하면 드나드는 노인들에게 훨씬 활력을 줄 수 있다.

붉은색은 즐겁고 경쾌한 이미지의 컬러로 광고에서 찾아볼 수 있다. BC카드는 기업 로고에 따뜻하고 부드러운 느낌의 웜 레드(Warm Red)를 사용하여 소비자들의 시선을 끈다. 특히 광고에서 일관되게 붉은색으로 포인트를 주어 좀 더 소비자와 가까운 금융기관의 이미지를 만들어 내고 있다. "이루어질 거예요, 당신의 빨간 사과 BC입니다"라는 캠페인은 빨간 사과를 비주얼 코드로 희망을 표현했다. 이는 구매 자극과 덕담을 거쳐 희망으로 캠페인 영역을 넓힌 것이다. 모델 김정은에 이어 송혜교와 붉은색이 어우러져 광고는 즐겁고 경쾌한 분위기를 주었다. 또한 빨간 사과, 빨간 날 파란 날 이벤트, 빨간 목도리와 외투 등 광고의 소품에서도 빨강을 사용, BC카드의 기업 로고 컬러와 연결 지어 효과를 극대화했다.

기분 좋은 컬러, 노랑

　노랑만큼 눈에 잘 띄는 색상도 없다. 그런데도 태양과 밀접한 선크림, 꽃향기를 떠올리는 향수 등 주제와 관련하여 꼭 필요한 경우가 아니면 대체로 노랑을 꺼린다. 그 이유는 노랑과 다른 색을 배색했을 때 부정적인 이미지가 나오기 쉽기 때문이다.

　그러나 창조적, 파격적인 색을 사용하고자 할 때는 권하고 싶은 컬러가 바로 노랑이다. 사고방식이 자유로워지고 정해진 규격과 틀을 싫어하는 신세대의 감성이 사회 전체로 파급되면서 관용색의 영역이 점차 축소되고 터부시되었던 노랑이 우리 일상에 지속적으로 등장하는 추세다.

　무채색에서 벗어나 자동차 분야의 황금색, 베이지색, 크림

색 같은 노란색 유행을 비롯하여 다른 많은 분야에서도 따뜻한 느낌의 노란색이 인기를 얻고 있다. 노랑은 이제 동심 컬러, 스마일 컬러, 즐거움을 주는 컬러로 우리 일상에서 웃음을 되찾고 있다.

동심 컬러

노란색하면 우리는 흔히 따뜻한 봄날의 병아리 같은 이미지를 떠올린다. 빗속에서 노란 비옷에 노란 장화를 신고 물장난하는 아이의 모습처럼 노란색은 천연덕스럽고 즐겁다.

노란색은 여러 색상 중에서 가장 밝은 기본색으로 눈에 잘 띄기 때문에 신호등이나 차선 같은 교통표지 및 통학 차량 등 어린이의 안전과 관련된 경우에 많이 사용된다. 아이들의 비옷이 노란색인 것도 같은 맥락이다. 원색을 좋아하는 어린이의 심리적 특성과 눈에 잘 띈다는 점이 맞물려 노란색은 어린이 용품의 색으로 자주 쓰인다.

맥도날드에서는 아이들을 위한 해피밀 세트에 빨강과 함께 노란색을 사용하고 있고, 유치원 소풍을 소재로 한 KTF 광고에서도 노란색이 쓰였다. 모두 노란색이 주는 유쾌함 때문이다. 아이들을 타깃으로 하는 광고나 아이들이 등장하는 광고에서 노랑만 한 색도 없다.

스마일 컬러

태양의 색인 노랑은 명랑하고 쾌활하다. 또 빛을 발하고 미소를 머금게 하는 색, 친절함을 나타내는 주요색이다. 그래서 스마일 운동의 로고 역시 노랑이다. 또한 어느 색보다 강렬하고 젊고 활발하고 외향적인 느낌을 주는 자극적인 색이다. 소비자의 눈길을 쉽게 끌면서도 따뜻하고 즐거운 느낌을 주기 때문에 소비자의 심리에 호소력을 가질 수 있는 색이 바로 노랑이다.

지금은 국민은행과 통합되었지만 주택은행은 2000년 6월부터 노란색 은행잎을 주요 색으로 한 캠페인을 벌였다. 그전까지 은행 광고의 인쇄 부문은 상품 광고 위주로 진행되어 캠페인이라기보다는 단발적인 광고로 끝나는 경우가 많았다. 때문에 '샛노란 은행잎'을 주인공으로 한 주택은행의 TV 광고와 "은행이 활짝 피었습니다. 은행이 주렁주렁 열렸습니다"라는 카피와 함께 기억에 남는다. 국민은행도 마케팅 수단인 '별'을 노란색으로 하는 등 주택은행의 '노란색 은행잎' 캠페인과 비교적 일관된 컨셉을 계속해 오고 있다.

맥도날드의 노란색 아치는 따뜻함, 가족, 행복감의 이미지가 떠오른다. 맥도날드가 브랜드를 통해 전달하려는 체험은 행복감이다.

코닥은 제품 패키지에서 매장의 간판, 광고 표현에 이르기까지 노란색으로 일관된 컬러 마케팅 전략을 통해 '필름=코닥=노란색'이란 기억의 연결 고리를 만들어 놓았다. 노란색 로고 색상을 광고 비주얼 속에 자연스럽게 녹이면서 경쟁사와 차별화된 코닥만의 고유한 브랜드 이미지를 형성하고 있다. 광고를 보면 별도의 캐릭터나 유명 모델 대신 로고의 노란색을 집중적으로 부각시킴으로써 노란색 자체를 코닥의 고유 심벌로 격상시키고 있다. 노란색과 붉은색의 적절한 조합을 통해 소비자의 머릿속에 코닥의 브랜드 이미지를 자연스럽게 각인시키고자 한다. 코닥의 브랜드 컬러인 노란색이 어떤 광고에서는 소품의 색상으로, 또 다른 광고에서는 배경색으로 등장하고 있다. 그러나 흔히 젊음과 발랄함을 표현하는 색으로 사용되는 노란색과 비즈니스 타깃을 대상으로 하는 이성적인 광고 메시지가 조금은 부조화로 느껴지기도 한다.

가수 토니 올랜도(Tony Orlando)가 부른 'Tie a yellow ribbon round the old oak tree(늙은 떡갈나무에 노란 리본을 달아 주세요)'란 노래가 있다. '감옥에서 3년을 복역한 후 고향으로 가는 남자가 사랑하는 여자에게 아직도 자기를 잊지 않고 기다린다면 고향 어귀에 있는 떡갈나무에 노란 리본을 달아 달라는 편지를 쓰고 고향으로 가는데…… 차 속의 사람들이 모두 지켜보는 가운데 차창 밖 떡갈나무에 매달려 있는 수백여 노란 리본, 그리고 남자의 눈가에는 촉촉한 이슬이……' 란 가사 내용 때문에 인기를 모았던 곡이다.

코닥 또한 노란색을 비주얼 표현의 모티브로 삼은 일련의 광고들을 통해 소비자의 마음속에 노란색 리본을 매달고 싶었던 것은 아닐까? 늘 소비자 곁에서 최고의 제품으로 서비스하겠다는 노란색 러브레터로 코닥은 독특한 캐릭터나 아이콘이 아닌 색상을 통해 소비자들 마음속에 따뜻하고 기분 좋은 추억의 이미지로 깊숙이 새겨져 세계 유명 브랜드로 자리 잡게 된 것이다.

신세계 이마트는 주 색상을 눈에 가장 잘 띄는 노란색으로 선정하여 소비자의 시선을 끌고 있으며, 건물·인테리어·포스터·포장·직원 유니폼 등도 모두 하나의 이미지를 형성할 수 있게 노란색을 사용하고 있다. 이처럼 하나의 브랜드 컬러는 상품의 이미지를 높여 줄 뿐만 아니라 브랜드가 지향하는 브랜드 컨셉을 보다 강렬하게 전달해 주는 좋은 매개가 된다.

삼성생명은 1996년에 보험 상품의 인쇄 광고물에 밝고 따뜻한 느낌의 노란색을 사용해 소비자들에게 친근감을 주는 동시에 노란색 특유의 색감 덕분에 광고의 돌출도와 선호도를 높이는 효과를 얻었다. 이 회사는 '발가락이 닮았다' '이제 아

E마트는 노란색을 공통적으로 사용함으로써 회사 이미지를 제고하고 있다.

내가 도와 드리세요' 등 시리즈 광고에서 노란색을 바탕색으로 사용했다. 따뜻한 분위기를 자아내는 노란색 광고로 보험 회사의 딱딱한 이미지를 개선하는 데 성공, 노란색이 새로운 컬러 마케팅의 표현 전략으로 자리 잡게 되었다.

노란색을 붙여라

소비자에게 제품의 특성을 설명하기 어려운 경우, 제품에 대한 인지도와 기존의 경쟁품에 대비해 차별화 요소로 컬러 마케팅이 사용된다.

지난 1997년에 출시된 SK제약의 트라스트(TRAST)는 3일을 뜻하는 영문 'TRI'와 지속하다는 뜻을 가진 'LAST'의 합성어로, 약효가 3일 동안 지속된다는 의미를 가지고 있다. 런칭 당시 트라스트의 파우치(pouch : 개별 속 포장)와 상자의 포장 역시 관절의 염증과 통증을 시원하게 없애준다는 의미로 다른 경쟁품들과 같이 파란색으로 구성했다. 그러나 기존 경쟁품에 대비해 비교우위에 있는 트라스트만의 차별화 요소인

제품사와의 제품 차별화를 꾀하기 위해
노란색을 유용하게 사용한 SK제약의 트라스트.

세계 최초의 패치(patch)형 관절염 치료제라는 제품 특성을 소비자에게 쉽게 전달하기 위하여 새로운 연결 고리가 필요했고, 그렇게 개발된 것이 노란색 캠페인이었다. 즉, 트라스트 패치에 사용되던 피록시캄이라는 소염 진통 약물의 고유색이 노란색인 점에서 착안한 것이다. 제품 자체 특성에 대한 직접적인 소비자 접근이 벽에 부딪혔던 당시의 상황에서 경쟁사들의 무색 약물에 비해 트라스트의 노란색 약물은 보다 진하고 강한 약효의 제품으로 인식될 수 있었고, 색상 면에서도 경쟁사와 비교해 자연스런 차별화 유도가 가능했던 것이다.

도로 건널목에서 흔히 볼 수 있는 노란 신호등, 상가 건물에 걸린 노란 애드벌룬, 노란 우산, 축구의 옐로카드, 한가위 보름달까지 노란색을 연상시키는 모든 소재와 "노란색을 붙여라" "떴다! 노란색" 등 카피가 총동원된 트라스트의 노란색 캠페인은 이후 시중 약국에서 구매자의 50% 이상이 '트라스트'라는 제품명 대신에 '노란약'이라는 제품 고유의 색상을 지명할 만큼 소비자들의 인지도를 높였다.

그 밖에 혈액순환 개선제인 기넥신에는 혈관과 혈액을 상징하는 붉은 이미지, 관절염 치료제인 조인스에는 천연물과 생약을 상징하는 초록색 계열의 이미지를 각각 적용하여 개별 브랜드의 컬러 아이덴티티를 구축해 나가고 있다.

케라틴 헤어팩은 염색손상모 전용 헤어팩이란 차별화된 제품 컨셉과 케라틴 단백질을 응용한 감각적이면서도 영양가 풍부한 이미지의 노란색 패키지를 선보였다. 케라틴 단백질의 노란색을 응용한 컬러 마케팅을 제품 패키지는 물론이요 인쇄 및 TV 광고물과 헤어 제품 전 라인에 적용해 소비자에게 일관되고 차별화된 이미지를 전달했다.

주목받는 컬러, 주황

빨강과 노랑 사이에 끼어 제대로 기를 펴 보지 못한 컬러, 주목도에 있어서도 저만큼 뒤로 밀리던 주황색이 오렌지란 이름으로 옷을 갈아입고 나름대로 이미지 메이킹을 준비했다. 그렇지만 지금도 오렌지색은 빨강과 노랑에 밀리는 색이다. 빨강 옆의 오렌지색은 빨강에 비해 덜 자극적이고, 노랑 옆의 오렌지색은 노랑에 비해 덜 유쾌하다. 그래서 오렌지색은 마케팅에 잘 쓰이지 않는다. 광고, 패키지, 인테리어 등 단독으로나 체계적으로나 꾸준히 쓰인 예가 별로 없다. 그러나 사방 천지가 빨강이라면 오렌지색은 더 튀어 보이지나 않을까?

컬러의 오렌지족

지금은 흔하지만 몇 년 전만 해도 오렌지는 비싼 과일이었다. 수십 년 전 바나나가 누리던 지위만큼은 아니지만 어느 정도 부티도 났다. 1980년대 후반에 유행했던 신조어 중 '오렌지족'이 있다. 그 당시 오렌지족은 사치와 향락의 상징으로 사회적 지탄의 대상이었다. 이렇듯 부정적인 이미지로 다가왔던 오렌지였지만 1990년대 들어서부터 오렌지와 그 컬러는 새삼 여러 가지 이미지로 사용되기 시작했다.

오렌지색은 젊음의 활력과 창조 정신, 특이성을 표현하기에 적합하다. 젊은이들은 과감하게 오렌지색으로 머리를 물들이고 오렌지색 아이맥(iMac)으로 채팅을 한다. 그들은 오렌지의 가벼움과 튀어 보이는 이미지를 두려워하지 않는다. 그래서 엠파스 등 많은 웹 사이트가 형광빛 나는 오렌지색으로 페이지를 메우고 있고, 많은 벤처 기업들이 오렌지를 회사 CI(Corporate Identity)로 이용하고 있다.

먼저 제품 마케팅에 이용한 경우는 "오렌지색 엔시아"라는 카피로 대박을 터트린 코리아나화장품의 엔시아를 들 수 있다. 오렌지색 엔시아는 제품의 특징인 비타민 C가 들어 있는 점을 어떻게 표현할까, 하고 고민한 끝에 나온 키워드이다. 지금까지의 감성적이며 부드러운 이미지 위주의 디자인을 탈피, 피부에 좋은 비타민 C의 기능을 컬러와 용기에서부터 느낄 수 있도록 디자인했다. 오렌지색은 이미이며 부들의 의식 속에 먹고 마시는 오렌지 과일이나 주스를 통하여 관념적으로 비타민 C를 연상시킬 수 있는 상징의 디색상으로 연결 고리가 형성되어 있었다.

비타민 C를 오렌지색으로 표현해 인기 상품에 오른 엔시아.

이 화장품 브랜드는 오렌지색을 제품 광고와 패키지에 적극적으로 이용하여 '오렌지＝엔시아'라는 등식으로 소비자에게 강한 인상을 남겼다. 반투명 용기에 들어 있는 스킨과 로션, 속이 보이지 않는 플라스틱 용기에 든 밀크로션이 경험의 전부였던 20대 여성들에게 오렌지색 엔시아는 광고와 제품 용기 모두가 충격적이었다. 엔시아 용기는 불필요한 디자인 요소가 최대한 절제된 이미지를 담고 있고, 내용의 효능이 느껴지도록 의약품 중에서도 주사액 용기의 알루미늄 봉합 형태를 그대로 캡(cap)화하였다. 당시 튀지 않고 품격 있는 컬러와 무난한 디자인의 화장품 용기가 주를 이루던 시장에서 오렌지 엔시아는 일종의 모험이었다.

모든 프로모션 툴은 BI(Brand Identity) 컬러인 오렌지색으로 통일, 컬러 마케팅을 전개하여 제품 이미지를 하나로 통합하고 지속적인 광고·홍보 활동을 전개했다. 제품 및 진열대, POP, 옥외 광고물은 물론이요 영업 사원들도 오렌지색 유니폼으로 통일시켰고, 구입한 제품을 오렌지색 쇼핑백에 담아

주는 등 모든 프로모션을 오렌지 컬러로 제작함으로써 브랜드 인지도를 높이는 데 기여했다. 그뿐 아니라 홈페이지도 오렌지 톤으로 바꿨으며, 인터넷 이벤트를 적극 활용하여 젊은 네티즌들의 솔직한 사용 소감 등 다양한 의견 게재를 통해 구전 마케팅과 사이버 마케팅의 효과를 동시에 얻었다. 그 결과 오렌지색 엔시아는 발매 4개월 만에 100억 원을 돌파하는 판매 성과를 올렸다.

(주)유유에서는 비타민 제품은 노란색 레몬의 이미지를 가져야 소비자들에게 통한다는 제약사들의 통념을 정면으로 뒤집는 전략을 채택했다. 천편일률적인 비타민 C 광고를 오렌지 컬러와 맛으로 차별화한 것이 유판씨의 컬러 마케팅의 특징이다. 오렌지가 레몬보다 비타민 C 함유량에서 앞선다는 사실을 알리는 데도 주안점을 두었다. 유판씨는 "레몬, 미안해 오렌지가 생겼어"라는 독특한 광고 카피와 더불어 기존의 요구르트 향을 오렌지 향을 바꿔 '오렌지맛 비타민'이라는 컨셉으로 신세대들의 관심을 끌고 있다.

대웅제약의 베아제는 제품 색상과 일치하는 '오렌지색=베아제'의 컬러 연상 작업을 통해 소화제 하면 오렌지색이 기억나도록 광고하고 있다. 흰색이나 연두색이던 기존의 소화제와 차별화된 오렌지 컬러 마케팅 전략을 선보인 것이다. 오렌지색은 따뜻하고 활기차면서도 빨간색보다는 부드러워 즐거움을 자극하기 때문에 소화제 광고의 딱딱함을 피할 수 있다고 판단한 것이다. "오렌지색으로 주세요"라는 멘트가 흐르는 닥

터베아제 CF와 함께 패키지 및 제품명에도 오렌지색을 넣어 집중시켰다. 대웅제약 로고 역시 오렌지색이다.

오렌지를 회사명으로 사용하는 사례도 있다. 마이 오렌지 닷컴을 비롯하여 오렌지 택배, 오렌지 소프트, 오렌지 월드 투어 등 많은 업체들이 오렌지를 상호로 사용하고 있다. 그 밖에도 여러 업체들이 회사 CI에 오렌지색을 사용하고 있으며, 오렌지를 마크로 사용하고 있는 경우도 종종 있다.

오렌지 색상을 CI, 브랜드, 제품 등에 이용하는 것 외에 고객 이벤트 차원에서 오렌지 과일을 제공하고, 오렌지 시리즈로 고객 만족 마케팅을 활발히 실시하는 경우도 있다. 젊은 캐주얼 브랜드 '후아유'는 길거리에서 고객에게 오렌지를 나눠 주며 홍보를 벌인 적도 있다.

대림산업은 주택시장의 불황 속에서 고객 만족을 위한 적극적인 서비스와 마케팅 방안들을 잇달아 내놓는 등 이른바 '오렌지 마케팅'으로 눈길을 끌었다. '오렌지 서비스' '오렌지 체크리스트' 서비스에 이어 고객들에게 오렌지를 나눠 주는 행사를 실시한 결과 좋은 반응을 얻었다. '오렌지 서비스'란 이름으로 e-편한세상에 거주하는 고객에게 무료로 침대 매트리스 소독·욕실과 가스레인지 후드 청소 등 세대 관리 서비스를 제공하고, 아파트 시공 상태 점검 항목과 요령 등을 담은 '오렌지 체크리스트'를 제작해 배포하는 등 고객 만족도 제고에 큰 효과를 보고 있다. 그뿐 아니라 모델하우스를 방문한 고객을 대상으로 한 아름씩의 오렌지를 무료로 나눠 주는 이벤트도 실시했다.

이처럼 자사 로고와 이미지가 유사한 오렌지를 활용한 마케팅을 실시한 결과 고객들에게 강한 인상도 심고 즐거움도 함께 주는 효과를 얻을 수 있었다.

품격의 색

네덜란드에 본사를 둔 ING 생명은 자국의 컬러 이미지인 오렌지색을 회사의 이미지로 연결시킨 컬러 마케팅 전략을 보여 준다. 네덜란드의 축구팀 '오렌지 군단'처럼 브랜드 이미지 홍보에 오렌지를 이용한다. 이 회사는 오렌지색 사자를 CI로 하고 있으며, 홈페이지에서는 '오렌지 컬러 히스토리(Orange Color History)'라는 제목으로 네덜란드의 상징인 오렌지색에 대해 설명하고 있다. 매년 4월 네덜란드에서는 'Queen's Day' 축제가 열리는데 전국적으로 사람들은 오렌지색 옷과 장식, 오렌지색 분장을 하고 거리를 온통 오렌지색으로 물들인다.

1845년 설립된 보험회사 Nationale Nederlanden은 네덜란드에 뿌리를 둔 기업이라는 점을 강조하기 위해 오렌지색 'N' 자를 CI로 사용해 왔으며, 1881년에 설립된 네덜란드 국영 우체국 은행 Rijkspostspaarbank는 네덜란드 정부를 상징하는 푸른색 사자 문양을 CI로 사용해 왔다. 그런데 1991년에 두 회사가 합병되면서 네덜란드의 대표색인 오렌지와 사자가 만나 ING 생명의 오렌지색 사자가 탄생하게 되었다. CI가 의미하는 것은 품격과 신뢰감 있는 품질의 서비스이다.

패션 브랜드 에르메스(Hermes)의 심벌인 큰 원형 안의 사
륜마차와 마부는 200년 전에 태어난 브랜드 기원을 말해 주
는 것으로, 제2차세계대전 이후에 만들어진 오렌지 박스와
에르메스 리본과 함께 고가 명품 브랜드로서의 에르메스만의
상징이 되었다. 심벌과 로고에 오렌지 색상을 적용하고 있는
데, 이는 품위와 품격의 상징으로서 최고의 제품임을 알려 주
고 있다.

평온한 컬러, 녹색

빨주노초파남보의 가시광선 한가운데 있는 녹색은 흥분된 사람조차도 진정시키는 색이다. 그린피스(Green Peace) 같은 환경단체나 공익단체가 쓰기에는 제법 훌륭하지만 'Sale'이라고 쓰기엔 차분한 색이다. 또한 소비자를 자극해 소비를 촉진시키는 색상과는 거리가 멀다. 마케팅에서 잘 팔리지 않은 녹색은 지금은 도시 생활에 지친 현대인들에게 휴식과 에너지를 재충전해 주는 평온한 이미지로 주목받고 있다.

자연의 색

녹색은 우리의 몸에서 신장과 간장을 활성화하고, 더러운 공기와 식품, 물을 중화하는 기능을 한다. 또 피의 뭉침을 풀어 주고 근육 피부 조직을 생성한다는 말도 있다. 이에 비해 적색은 내장의 움직임을 지배하며 자율신경에도 강하게 영향을 미친다고 한다. 녹색과 청색은 교감신경의 긴장을 높이는데 반해 적색은 부교감신경을 긴장시킨다고 한다.

녹색은 마음을 가라앉히는 차분한 느낌이어서 먹을 것, 특히 판다는 이미지와는 전혀 어울릴 것 같지 않은데도 스타벅스는 녹색을 선택하여 간판에서부터 인테리어, 패키지, 광고에까지 사용했다. 스타벅스의 최고경영자 하워드 슐츠는 녹색을 사용한 이유를 이렇게 설명했다.

"스타벅스는 이익을 내는 회사로 성장하는 것 이상으로 야심 찬 미래를 추구하고 있습니다. 좋은 커피에 대해 소비자들을 가르칠 사명감을 가지고 있습니다. 일상에 지친 소비자들을 경이로움과 낭만 어린 커피전문점 안으로 초대할 분위기를 계획하고 있습니다"

단순히 커피만을 팔 요량이었다면 녹색을 선택하지 않았을 것이다. 그러나 스타벅스는 녹색을 택함으로써 시애틀은 물론 한국의 서울에까지 전 세계 회색 빌딩 숲 속에 스타벅스란 나무 한 그루를 심어 놓을 수 있었다. '싱싱한 커피나무'를 제공하여 커피 한 잔의 여유, 이 단순한 진리에서 녹색의 평온함을 마케팅 재료로 삼은 것이다. 또한 애초에 맘먹은 대로 인스턴트커피에 식상한 입맛뿐만 아니라 지치고 피곤한 소비자들의 마음까지 스타벅스의 공간으로 끌어들이는 데 성공했다.

녹색이 가진 그린피스의 막강한 힘은 바디샵, ·아베다, 오리 진스 등 자연과 휴식, 명상을 강조하는 여타의 브랜드에도 그 대로 적용되고 있다. 나무와 숲, 깊은 바다가 떠오르는 색! 보 고만 있어도 마음이 편안해지는 녹색의 치료 효과는 수많은 자극과 스트레스에 시달리는 현대인, 도시인들에게 가장 소중 한 것임에 틀림없다.

바디샵은 환경 친화적 기업답게 초록색을 대표 색으로 정 해 마케팅에 적극 활용하고 있다. 기업 로고에서부터 웹사이 트, 매장 구성에 이르기까지 일관되게 적용, 기업의 이념을 전 달하고 있다. 또한 컬러뿐 아니라 실제 화장품 성분이나 화장 품 용기 재활용까지 환경 친화적 활동을 수행하고 있다.

1997년 국내에 첫선을 보인 아베다(AVEDA)는 천연 성분의 헤어·스킨·메이크업 제품을 생산하는 회사이다. 이 회사의 미 션은 우리가 살고 있는 이 세계를 보호하는 것으로, 이는 아베 다가 생산하는 제품들로부터 사회에 환원하는 여러 봉사활동 들까지 다양한 방법으로 펼쳐진다. 사무실까지도 다양한 문화 를 체험할 수 있는 친환경적 공간으로 꾸몄으며, 홈페이지에 는 지구 환경보호 관련 정보들로 그득하다.

코리아나화장품은 '오렌지색 엔시아'의 성공에 이어 모공 을 관리하는 '초록색 엔시아'를 출시하여 컬러 마케팅을 계속 이어 나갔다. 2001년에 출시한 '초록색 엔시아'는 모공 전문 제품이라는 컨셉에 맞게 청결, 싱그러움, 안정감을 상징하는 초록색을 용기 색상으로 적용했다. 자연을 상징하는 초록색으로 제품 패키지 색상을 모두 통일시켜 '모공=비타민B=초록색'이라는 간단하면서도 선명한 컬러 마케팅을 전개하며 지속적인 판촉·광고·홍보 활동을 하고 있다.

초록색을 활용하는 또 하나의 기업인 의류 브랜드 빈폴은 자연을 사랑하고 환경을 중시하는 자연주의를 표방하며, 자연 친화적인 소재와 편안한 스타일을 추구하는 브랜드이다. 키다리 아저씨가 자전거를 타고 있는 형상을 초록색으로 처리한 빈폴의 심벌은 입는 사람들에게 특별한 의미를 전해 주고 있다.

녹색을 적용한 사례를 주류 분야에서도 찾아볼 수 있다. 한국 술 광고의 대표 주자는 단연 소주 광고라 할 수 있다. 특히 몇 년 전 경쟁적으로 소주 광고들이 쏟아진 적도 있었는데, 그 중 그린소주 광고가 특히 기억에 남는다. 이름에서 느껴지는 감각적인 색도 역시 초록이고, 광고도 깨끗한 이미지의 초록색이 주를 이루었다. 미각과 관련되는 색은 주로 색의 연상성이 작용한다. 사실 초록색에서 액체를 연상하기란 무척 어려운 일이다. 이런 인식을 불식시키고 멋지게 새로운 아이디어를 만든 그린소주는 우리들의 색에 대한 관념을 보다 풍요롭게 만들어 준 사례라 할 수 있다.

진로의 참이슬은 우선 차고 깨끗한 소주의 이미지를 표현했으며, 자연·건강 지향성·안심·편안함 등의 이미지를 느낄 수 있는 컬러 전략을 수립했다. 기본색은 자연의 색인 꾸미지 않은 청순한 연초록색으로 하고 컬러 컨셉은 대나무의 시각화로 표현했다. 연한 초록색의 소주병은 대나무의 푸른 대를 상징하고 연한 베이지 컬러의 상표 배색에서 대나무의 부드러운 속살이 드러남을 표현하여 '식탁 위의 녹색 대나무 한 그루'라는 감성 이미지를 고객에게 전달했다.

최근 일본의 기린맥주에서도 그린비루(녹색맥주)라는 상품이 나오고 있다. 이는 초록 마케팅의 지속적인 확대가 환경 마케팅에도 활용된 하나의 예라고 할 수 있다. 기린맥주는 환경 마케팅에 상당한 힘을 기울이고 있다. 기린맥주의 고정적인 흑백 이미지로부터 새 상품에 맞는 새로운 이미지를 탄생시키는 산고를 치렀을 것이다. 기존의 일본 맥주는 보리를 연상시키는 고동색이었으나 기린맥주는 그 이미지를 탈피, 녹색으로 신선함이라는 변화를 주었다. 일본 기린맥주의 신문 광고는 일곱 가지 무지개 색을 기본으로 새로운 맥주의 이미지를 부각시키고 있다. 이전까지의 고정적인 기린 맥주의 무거운 이미지를 탈피, 여러 가지 색상을 사용함으로써 새로운 도전을 하고 있다. 2004년에는 여타 맥주 회사에서도 앞 다투어 그린이라는 이름과 색으로 새로운 신상품을 출시하고 있다. 일본은 소비의 대상을 좀 더 확대하고 자연과 일치해 가려는 노력을 색으로 표현하고 있는 것이다.

음료 시장에서 초록 마케팅의 대표 주자는 웅진식품의 '초록매실'이다. 수많은 음료 브랜드가 있지만 소비자들에게 꾸준히 남는 브랜드는 손가락으로 꼽을 정도이다. 업계에서는 최근 음료의 패션화, 트렌드화를 통해 상품의 수명 주기가 6개월에서 짧게는 3개월 정도로 파악하고 있다. '초록매실'은

이러한 시장 상황에서도 오렌지와 포도라는 소재에 편중되어 있던 주스 시장의 정체성을 극복한 제품이다. 네이밍에서도 초롱초롱한 매실 열매의 느낌을 잘 전달하고 있으며, 매실의 상큼함과 제품 특성을 잘 살릴 수 있는 초록 용기를 사용했다.

컬러가 주는 상큼한 이미지를 브랜드 네임에 활용한 초록매실.

이처럼 초록이란 컬러가 주는 '매실=초록=젊음=건강'이라는 이미지와 느낌을 소비자에게 잘 부각시켰다. 광고의 배경은 잘 영근 초록빛 매실과 매실나무들로 가득한 비주얼로 처리했고, 매실의 효능에 관심이 집중되면서 소비자들에게 건강에 대한 관심을 다시 한 번 불러일으켰다. 광고에서 '초록우산=초록매실' '초록계곡=초록매실'을 연결하여 초록의 이미지를 강화했다. 그 다음은 "사랑은 초록빛이다"라는 카피로 사랑의 색을 초록매실의 속성인 초록빛에 그대로 대입시켜 제품의 특징을 눈에 보이는 이미지와 보이지 않는 이미지를 결합시키고자 했다. 초록매실 광고는 인쇄 매체와 TV 광고는 물론 젊은이들이 자주 찾는 극장, 대학가의 대형 현수막, 전광판, PPL(Product Placement)을 활용하고 있다. 현재 초록매실은 장기적인 브랜드 관리 전략을 통해 초록색에 대한 아이덴티티를 강화하는 데 많은 비중을 두고 있다.

이 밖에 롯데칠성 사이다도 녹색을 부각시켰다. 사이다의 신선함을 강조하고 사이다병의 색상 이미지를 광고에 그대로 담기 위해 숲 속을 CF 배경으로 삼았다.

젊은 감각의 컬러

젊음과 풍요로운 녹색은 생물과 연관되어 순수와 젊음, 성장의 이미지를 상징한다. 녹색은 덜 익은 풋과일과 자연의 싱그러움을 의미하는데, 나무에서 돋아나는 푸른 싹과 그 무성함은 젊음을 느끼게 한다. 예로부터 우리나라에서는 혼인식 때 신부에게 '녹의홍상(綠衣紅裳)'을 입게 한 것도 젊음의 상징이기 때문이다.

세계적인 브랜드 후지필름은 기업 로고에는 빨강과 검정을 사용했으나 포장에는 녹색을 사용했다. '녹색=후지필름'을 연상시키는 이 색은 생동감, 무한함, 젊음, 평화, 번영 등을 상징하는 이미지를 갖고 있다. 독일 슈피겔이 실시한 광고 카피 테스트에서 후지필름은 모델의 눈을 초록색으로 처리하고 눈을 돋보이도록 하는 광고를 선보였디. 일반적으로 소비지들은 포토, 필름, 비디오 등의 상품을 광고와 상관없이 구입하는 것으로 알려져 있다. 그러나 이 광고를 본 83%의 소비자들이 광고 모티브를 고려한다고 응답해 상당한 효과를 거둔 것으로 보인다.

하나은행은 초록색 심벌마크에서 젊고 패기에 찬 은행임을 나타내고 있으며, TV 광고도 배경색이 초록색 계열로 고객들에게 젊고 풍성한 이미지를 강화시켜 준다.

웹상에서도 초록색을 찾아볼 수 있다. "꿈꾸는 자만이 자유로울 수 있다"는 컨셉의 네이버(Naver)는 젊은 지식 검색 브랜드라는 이미지를 잡아 웹상과 광고에서 컬러 마케팅을 펼치고 있다. 요즘 전지현 효과를 톡톡히 보고 있는 네이버 CF에는 녹색이 깔려 있다. 네이버 새 광고 역시 녹색 브랜드 로고와 네이버 상징인 녹색 모자, 녹색 의상, 녹색 여행가방, 초록색 풋사과, 녹색 자막을 등장시켜 녹색 네이버를 더욱 강조하고 있다. 네이버는 녹색 마케팅을 통해 싱싱하고 젊은 이미지와 함께 '녹색=네이버'라는 연상 이미지까지 두 마리 토끼를 모두 잡는 효과를 얻었다.

희망의 컬러, 파랑

동서양을 막론하고 남녀노소 누구나 좋아하는 색상인 파랑은 희망과 평화, 신뢰의 이미지를 주기 때문에 기업 CI를 비롯하여 브랜드에 널리 채택되는 인기 있는 컬러이다. 빈자의 컬러에서 부를 상징하고 성공을 의미하는 컬러로 이미지 변신한 파란색의 컬러 마케팅 작업 역시 활발해지고 있다.

성공의 컬러

팍스 로마 시절 로마제국에서 파랑은 가난한 사람들의 색으로 통했다. 왕족과 귀족은 야만게르만 족의 푸른 눈을 생각나게 하는 파란색 옷을 입지 않았고, 화가들 또한 흰색·검정·

노랑·빨강만으로 그림을 그렸다. 파란색 옷을 입은 사람은 천한 신분이거나 교양 없는 사람, 경박한 야만인쯤으로 여겨졌다. 보기에 흉하고 두려운 색깔! 우울하고 슬픈 파랑이었다.

이렇듯 슬픈 운명의 파랑을 구원해 준 이는 성모 마리아였다. 죽은 아들을 안고 눈물 흘리는 피에타(Pieta) 상의 성모는 그 슬픔을 나타내고자 죽음과 지옥을 상징하는 푸른색 옷을 입고 있었는데, 성모를 숭배하는 사람들이 늘어남에 따라 성모가 입고 있는 옷의 색도 함께 지위가 올라갔다. 성모가 입은 성스러운 컬러를 사제가 입고 왕이 입으면서 야만의 파랑은 순식간에 신비함, 근엄함, 성스러움의 의미로 재해석되기 시작했던 것이다. 시인이자 음악가였던 마쇼(Machaut)는 "색에 대해 판단할 수 있고 의미하는 바를 말할 수 있는 자는 청색이 모든 색의 황제라고 할 것이다"라고 노래했다.

1837년 가을 뉴욕 259번가에 문을 연 티파니는 바로 그해, 그 유명한 '티파니 블루박스'를 디자인했다. 무엇보다도 제품의 질과 장인 정신에 대한 평판을 획득하는 것이 중요하다고 판단한 티파니는 포장 박스와 카탈로그, 브로셔를 신뢰감을 줄 수 있는 파랑으로 통일했다. 그리고 이후 167년간 자신의 연인에게 특별한 프러포즈를 하기 원했던 남자들은 티파니에서 '블루박스'를 구입했다. 자신을 구원해 줄 성모 마리아에게 순결하고 기품 있고 성스럽고 신뢰할 수 있는 선물을 하고 싶었던 것이다.

전 세계 여성들이 한 번쯤은 받아 보고 싶은 티파니의 '블루박스'는 물론이요 금융권과 최신 첨단 사업에서도 가장 많이 쓰이는, 성스러움과 도덕성을 갖춘 파랑은 프로테스탄트의 청부론과 맞아떨어지면서 부를 상징하는 대표적인 색이 되었다. 2000년이 지난 지금 환골탈태한 파랑을 보노라면 빈자의 이미지는 그 흔적조차도 없다.

한편 파란색을 우리나라에서는 젊은이의 기상과 호연지기를 상징하는 색으로 사용했고, 영국에서는 귀족과 귀족남의 정절을 상징하는 색으로 사용하여 물망초와 치커리의 꽃말로 자리 잡기도 했다. 국왕의 영원한 상징인 정절로 만들어진 로열 블루, 로열 블루가 국왕의 권위를 나타낸 데는 이처럼 정절과 침묵이 동반되기 때문이다.

성공, 신뢰감, 희망, 행복의 의미로 파란색을 사용하는 사례는 많이 있다. 대표적인 기업으로 삼성전자를 들 수 있다.

삼성전자는 오래 전부터 '파란색'이 CI, 로고 타입, 패키지, 제품 외관, 카탈로그, 브로슈어, 홈페이지, 텔레비전 CF, 포스터 등등 모든 홍보 매체와 프로 야구단 및 프로 축구단의 유니폼에 일관되게 적용되고 있다. 파란색은 신뢰와 젊음을 상징하는 대표색이기 때문이다.

캥거루를 의인화한 삼성전자의 노트북 CF에서 왜 침대 벽이 파란색으로 칠해졌는지, SENSE라는 단어를 왜 파란색으로 처리했는지를 유심히 지켜본 사람은 아마 드물 것이다. 대형 TV 파브 광고에서도 푸른 어항을 화면 가득 잡은 것 역시 무의식중에 소비자들에게 '파란색=삼성'이라는 컬러 연상을 심어 주기 위해서이다.

삼성카드 광고 'GOOD!' 캠페인에서 "찾아가자, 파란 행복"이란 멘트와 함께 파란색 삼성카드 보너스 클럽을 통해 소비자의 혜택을 파란색으로 표현했다. 광고 모델은 흰색 티셔츠에 경쾌한 스카이블루 가디건을 걸쳐 이미지를 보완했다. 'GOOD!' 캠페인도 안정과 신뢰감을 주는 푸른색을 통해 '블루 마케팅'이 진행되고 있다.

이처럼 기업의 이미지를 특정한 컬러와 일치시키는 작업을 통해 삼성 로고가 표시되어 있지 않더라도 소비자들이 파란색을 곧바로 삼성 제품으로 인식하게끔 색상의 상표 자산화에 성공했다. 일관된 '파란색=삼성전자'라는 색채 적용은 인지되는 시간이 몇 초에 불과한 매체에서 글자를 읽지 않더라도 순간적으로 삼성의 광고임을 인식하게 하는 힘을 발휘한다. 이러한 이미지 통합 작업은 총 마케팅 비용의 절감과 색채에 대한 강력한 인식 효과를 거둘 수 있다는 장점이 있다. 즉, 삼성전자 전체의 브랜드 파워가 올라감에 따라 세부적인 제품 광고를 하지 않아도 동일한 이미지가 적용된다. 그러나 한 가지 제품에서 실패할 경우 다른 제품에도 부정적 이미지를 그대로 가져갈 수 있다는 위험도 따른다.

국내 남성 화장품 시장을 대표하는 '미래파'는 스킨케어 전문 종합 브랜드로서 향과 용기 디자인을 공동 추진하여 한국 남성이 가장 선호하는 기호를 적용했다. 미래파 고유의 파란색인 'Success Blue' 용기는 미래 지향적이고 도회적 세련미를 전달하며, 상쾌한 '프레시 시트러스 푸제어(fresh citrus fougere)' 향은 도시 남성의 품격을 느끼게 한다. 특히 디지털적이면서도 감성적 섬세함이 느껴지는 용기는 영화 「2001 스페이스 오딧세이」에서 모티브를 얻었다. 광고에서도 '성공을 부르는 파란색'이라는 감성적인 접근 방식을 시도했다. 도회적이고 세련된, 어찌 보면 차갑고 냉철하게 보이는 미래적 야심에 가득 찬 남성의 이미지를 뿜어내고 있다. 또한 파란색 셔츠를 입고 파란색 '미래파'를 바르고 파란색 넥타이를 매고 파란색 커프스 버튼을 채우고 만년필 속에 파란색 잉크를 채우는 등, 온통 미래파의 파란색을 상징하는 소품들로 그득하다. 파란색은 성공이라는 메시지를 담고 있는 광고를 통해 남성의 감성을 자극했다.

남성 화장품 '딘 클라우'를 선보인 나드리화장품도 화장품 용기의 파란색을 전체적인 광고 톤으로 정하고 파란색 뱀, 파란색 넥타이 등을 등장시켜 '성공'의 파란색 이미지의 일관성을 유지했다.

포털 업체들은 자사의 메인 페이지 컬러를 파란색으로 꾸미고 있어 관심을 모으고 있다. 다음(Daum)은 UI(User Interface)를 바꾸면서 전체적인 톤을 파란색으로 바꿨다. 야후코리아, 마이엠, 네이트닷컴, MSN코리아 역시 파란색으로 꾸몄다.

이처럼 포털 업체들이 파란색을 선호하는 이유는 파란색이 상징하는 '자유'와 '희망'이 인터넷이 주는 이미지와 잘 어울리기 때문인 것으로 보인다. 또한 자기 탐구와 내적 성장 등을 나타내기 때문에 네티즌들의 성향과 잘 맞는 것으로 분석된다. 이외에도 파란색은 차분한 느낌을 주기 때문에 고급화된 이미지를 보여 주며, 장시간 서비스를 이용해도 다른 색에 비해 눈에 피로감을 덜 느끼게 하는 장점이 있다. 그러나 각종 서비스와 콘텐츠가 비슷한 데다 녹색과 파란색이 선호되고 있는 가운데 자기만의 특색 있는 컬러 마케팅 전략이 요구되기도 한다.

제과업계에서도 '희망'의 메시지를 전달하기 위해 블루 마케팅이 확산되면서 청색 계열 포장 제품을 출시했다. 그동안 과자 제품의 포장 색상이 주로 빨강·노랑·분홍색 등이었던 점에 비추어 파란색 포장의 출현은 극히 이례적이라고 할 수 있다.

롯데제과의 경우 빨간색이 회사의 고유 컬러처럼 여길 정도로 붉은색 포장 제품이 많았으나 아우터, 웨하스 등 제품은 파란색 계열로 포장했다. 해태제과의 생생 감자칩·에이스, 동양제과의 고소미, 농심의 포테토 스틱 등의 포장 디자인도 파란색 이미지이다. 이처럼 파란색 포장 제품이 늘어난 것은 여름철을 겨냥해 시원한 느낌을 강조하기 위한 목적도 있지만 '희망'을 상징하는 파란색을 사용하여 불경기에 따른 침체된 분위기를 전환시켜 소비를 촉진하겠다는 의미가 내포되었다는 분석도 있다.

시원한 컬러

빨강이 작열하는 태양을 상징하는 주조색이라면, 흰색을 작열하는 태양 아래 더위를 식히는 하얀 물보라의 악센트 컬러로 표현하고 있는 코카콜라는 강렬한 태양과 발랄한 몸짓을 연상케 하는 색상 조합과 디자인으로 마시고 싶은 충동을 일으킨다. 이 붉은색에 정면으로 도전장을 내민 것이 온통 파란색 일변도의 펩시콜라이다. 맛을 연상시키는 데는 붉은색이 더 유리하지만, 반면에 파란색은 음료가 내세우고자 하는 갈증 해소의 차갑고 시원한 이미지를 함축하고 있다. 깊은 바다의 짙푸름은 상쾌함과 시원함, 제품의 신선함을 암시한다. 이런 전략은 코카콜라와 구별되는 펩시의 브랜드 이미지를 구축하는 데 효과적이었으며, 현재 콜라 업계의 두 축으로 자리매김하게 되었다.

그 밖에도 '포카리스웨트=갈증을 해소해 주는 음료'라는 공식이 자연스럽게 성립한 데는 이 제품의 파란색 패키지가 한몫을 했다. 광고에서도 늘 흰색과 파란색을 메인 컬러로 파란색 의상과 소품을 이용하여 일관된 컬러 마케팅을 보여 주고 있다. 다른 색을 일절 쓰지 않고 오직 파란색과 흰색 글씨만으로 이루어진 포카리스웨트 패키지는 시원한 느낌, 갈증을 해소시켜 주는 차가운 음료라는 이미지를 심는 데 있어서 성공한 사례로 꼽힌다.

마법의 컬러, 검정

검정은 마법의 색이다. 이는 죽음, 악, 어둠의 부정적인 연상 이미지에도 불구하고 제품에 검정을 접목시키면 품위, 권위, 세련, 모던한 느낌을 주기 때문이다. 금기시되던 검정을 음식에 적용하고, 젊은 계층일수록 검정을 선호하는 등 검정에 대한 연상 이미지가 긍정적으로 변화되고 있다.

카리스마 컬러

검정색은 어둠, 죽음, 슬픔 등 부정적인 의미를 지니고 있다. 죽음에 대한 슬픔과 애도의 상징은 동서양을 막론한 공통된 것으로 생명력의 쇠잔이나 부재, 좌절, 공포 등의 이미지를 전달하기 때문에 심리적으로 두려움을 갖게 하는 컬러이다. 반면에 이러한 무겁고 두려운 이미지가 위엄, 품위, 존엄, 고급스러움, 우아함 등을 나타내기도 한다. 마케팅에서는 검정의 이러한 권위와 카리스마를 상징하는 엄숙한 느낌과 첨단의 이미지와 비즈니스적이고 형식적인 컬러의 특성을 살릴 수 있는 제품에 사용하고 있다.

검정을 이용한 대표적 제품으로 고급 승용차를 들 수 있다. 권위와 품위, 부를 표현하고 다분히 하이클래스 느낌을 주기 위해 광고에는 주로 검정색 승용차가 등장한다. 간혹 어두운 계열의 색상이나 흰색 승용차가 등장하기도 하지만 주로 사용하는 색상은 역시 검정이다.

검정색은 비즈니스적인 이미지를 전달하고자 하는 광고에 사용된다. 요즘의 양복 광고들은 젊은 이미지를 심기 위해 와이셔츠를 푸른색 계열로, 양복 색상도 좀 더 밝은 색을 선호하고 있다. 그러나 아직도 품위와 권위를 상징하는 고가의 의류는 공식적이고 격식 있고 모던하면서 클래식한 이미지를 줄 수 있는 검정 양복과 흰색 와이셔츠의 정통을 추구하고 있다.

검정은 부와 권력을 표현하기도 하는데, 에바 헬러의 조사에 따르면 독일 사람의 이름 중 슈바르츠(Schwarz : 검정)가 우리나라의 김 씨나 이 씨만큼 많다고 한다. 이는 중세 독일의 봉건시대 사람들이 남성의 힘과 권력을 상징하던 검정을 좋아한 데서 유래한 것이다. 그 예로 미국에서 초우량 고객을 잡기 위해 부의 상징인 검은색으로 디자인한 '블랙카드'가 등장했다. 이 카드는 상류층 1%만을 겨냥한 것으로, 회원이 신청하는 것이 아니라 카드사가 회원을 심사해 발급을 권유하는 마케팅을 한다.

롯데삼강의 '나뚜르' 신문 광고를 보면 검정색 자동차를 타고 검정 드레스를 입은 여인이 앉아 있다. 그 여인은 바이올린을 무릎에 놓고 나뚜르를 손에 들고 있는, 언뜻 보아서는 무엇을 말하려는지 알 수 없는 풍경이다. 이미지만 보아서는 이 광고가 아이스크림 광고라고 생각되지 않을 정도다. 검정색 톤에다 자동차와 검정 드레스 등 아이스크림 광고에 이처럼 무게 있는 것들이 등장한다. 흔히 아이스크림을 좋아하는 연령층의 젊은이들이 맛있는 표정을 지으면서 발랄하게 웃고 떠드는 그림t 검정되는 것과는 달리 상품의 귀족적 이미지를 강조하기 위해 검정 컬러를 시도한 것 같다. 맛이 생명인 아이스크림에서 '맛'이 아닌 검정 컬러가 지닌 '깊이'로 맛을 표현한 것이다.

우아함과 기품을 표현하고자 한다면 검정색을 사용하는 것이 좋다. 우아함을 위해서는 눈에 띄는 화려함을 포기해야 한다. 검정은 위험 요소가 없는 우아함을 표현한다. 의류와 패션 분야에서 가장 인기 있는 검정색은 주로 모던하고 도시적인 이미지와 잘 어울린다.

1970년대의 샤넬과 크리스챤 디올, 베르사체, 입생로랑 등은 검정을 "최고의 단순함과 최고의 아름다움의 결합"이라고 일컬었다. 이들 덕분에 20세기 최고의 색인 검정은 이제까지 예술 사조의 주조색과 빈센트 반 고흐의 노랑을 제치고 최고의 유행색으로 자리 잡게 되었다.

또한 검정은 젊은이의 얼굴에 가장 잘 어울린다. 검정은 빛을 반사하지 않기 때문에 나이를 가장 명확하게 드러낸다. 그래서 젊은이가 입으면 청춘이 가장 분명하게 나타나고 나이 지긋한 중년이 입으면 축 처진 턱과 주름살이 더욱 확연하게 보인다. 검정은 나이를 폭로하므로 나이가 들수록 검정을 입으면 더 늙어 보인다.

젊은 층에게 사랑받고 있는 무크는 '검다'는 의미의 한자 '黑'의 음을 따서 그대로 영어 'MOOK'로 표기한 것이다. 기존의 제화 회사 제품의 이미지와 차별화를 두기 위해서 무크의 고유 컨셉을 정할 필요가 있었던 것이다. 검정은 모던하면서도 도시적인 이미지 외에도 강한 느낌을 주며 여러 색상들과도 잘 어울리는 점에서 늘 활용되고, 또 유행을 덜 타는 장점을 갖고 있다. 그래서 검정을 무크의 주요 컬러로 정하고 그와 코디될 수 있는 색상을 같이 쓰면서 균형을 이루었다. 제품이 주로 검정이기 때문에 매장 인테리어는 제품이 눈에 금방 띌 수 있도록 대조적인 흰색을 채택했다. 광고와 홍보도 유행에 민감한 젊은 층을 유도하기 위해서 흑과 백인 모노톤(monoton)으로 했다.

검정 바람이 최근 디지털 업계에까지 확산되고 있다. LG전자는 흰색이나 은색 중심이던 기존 모니터와는 달리 테두리를 검정색으로 처리한 플래트론 LCD모니터로 판매량을 50% 이상 늘렸다. 검정색 제품은 고급스런 이미지뿐만 아니라 테두리가 흰색일 때보다 화면이 넓어 보이는 효과가 있다.

디지털 제품에 부는 검정 바람은 검정이 갖고 있는 고급스러움과 세련미가 차별화를 원하는 요즘 신세대들의 욕구에 잘 부합되었기 때문인 것으로 분석된다. 컬러 변화에 보수적이던 컴퓨터와 주변기기, 심지어 디지털 카메라 분야에도 검정을 채택한 제품들이 쏟아지면서 디지털 업계에 새로운 트렌드로 자리 잡게 되었다.

프린터 제품에서도 색다른 것을 추구하는 젊은 층을 타깃으로 검정을 전면에 내세웠다. 전혀 어울릴 것 같지 않은 디지털 카메라와 MP3조차도 검정 제품이 인기를 얻고 있다.

또한 검정은 가장 객관적인 색이기도 하다. 유채색을 포기하면 객관성과 기능성에 대한 요구가 생겨난다. 검정은 가장 과시적인 색채 포기 선언인 동시에 허영심에 대한 포기 선언이기도 하다. 그래서 검정은 가장 고귀한 색이다. TV, 오디오, 카메라, 손목시계 등 가장 현대적으로 보여야 할 기술 제품은 모두 검정 일색이다. 색은 사라지고 기술이 전면에 나선 것이다. 반면에 새로운 기술이 아닌 일상 용품에는 유채색이 비교적 많이 사용된다.

블랙박스(Black Box)는 원래 마술사들이 사용했던 검은 상자였지만, 나중에 정보 기술의 전문 용어가 되어 미지의 정보를 시스템 가동 정보로 변화시키는 시스템을 가리키게 되었다. 예를 들어 블랙박스는 항공 기술과 관련 비행기 안에서 행해진 모든 지시를 기록하는 비행 기록기를 뜻한다. 때문에 블랙박스는 그 사실이 어떻게 일어났는지 모를 경우 객관적 사실을 나타내는 상징이 되었다.

웰빙 컬러

다양화와 개성의 시대에 유행되는 컬러는 있겠지만 넘보지 못할 컬러란 없다. 그중의 한 컬러가 검정이다. 연전에 시판되었던 '먹물오징어'는 그 시커먼 컬러가 별로였는지 그다지 히트하지는 못했다. 다만 몸에 좋다는 검정콩 대신 군데군데 들어 있는 밥 알갱이가 영양가 있어 보였는지 '흑미밥'은 어느 정도 성공적이었다.

몇 년 전만 해도 음식에 적용하기에는 꺼림칙했던 검정이 최근에는 건강에 대한 관심을 가장 대표적으로 반영하는 컬러로 이미지 변신을 했다. 건강에 대한 관심이 높아지면서 그동안 식품에 금기시했던 검정색 식음료(블랙 푸드)가 소비자들에게 인기를 끌고 있다.

원래 검정색은 식감을 떨어뜨리기 때문에 음식에서는 기피색으로 여겨져 왔다. 하지만 최근 소비자들이 건강 지향적인 먹거리를 선호하게 되면서 블랙 푸드는 틈새시장을 공략할 수 있는 새로운 아이템으로 각광받고 있다. 블랙 푸드 바람이 가장 활발한 음료 시장에서는 검은 콩이나 검은 깨를 이용한 검은콩 우유, 검은깨 칼슘두유 등 제품들이 속속 쏟아져 나오고 있다.

나뚜르에서는 프리미엄 아이스크림 최초로 '나뚜르 검은콩 검은깨'를 출시했다. 검은콩 농축액, 검은깨 페이스트, 오곡 분말과 검은콩 8% 이상을 함유하고 있는 이 아이스크림은 웰빙 효과를 겨냥, 경쟁사들과의 차별화를 위해 출시했다. 성장기의 어린이와 젊은 여성, 그리고 장년층에 이르기까지 수요층을 폭넓게 보고 있다.

또한 냉동만두, 흑미탕면, 흑미식빵, 검은콩간장 등 검정 강세가 이어지고 있다. 크라운 베이커리는 노르스름한 갈색 빵을 고집하던 기존 관행을 깨고 흑미 분말과 오징어 먹물이 함유된 웰빙형 제품인 검은 식빵을 출시했다. 크라운제과의 '미인 블랙'은 다양한 제과류에 같은 브랜드를 적용시킨 패밀리 브랜드로서 비스킷·샌드·캔디·초콜릿 등 여섯 종의 시리즈 제품으로 구성되었다. 제품에는 건강을 고려해 검은콩을 첨가한 블랙 마케팅 전략을 실천했다. 애니메이션 기법을 사용한 미인 블랙 광고에서 등장하는 것은 검은색 배경에 하얀색 줄 뿐이다.

블랙 마케팅은 그대로 외식 업계로 이어졌다. 던킨도너츠는 검은깨를 넣은 츄이스티 도넛을 출시했으며, 빨간모자 피자는 주문 시 검은깨 도우를 선택할 수 있도록 해 출시 한 달 만에 약 20%의 판매율을 올렸다. 또한 아워홈이 운영하는 돈가스 전문점 사보텐에서는 가을과 겨울철 계절 메뉴로 검은깨를 넣은 흑임자카스를 선보여 좋은 반응을 얻었다. 파스타 업계에서는 기존의 오징어 먹물 파스타가 블랙 푸드 신드롬에 힘입어 주문량이 소폭 상승하기도 했다.

컬러 마케팅 ^{시대}

다양한 컬러의 선택권을 제공하는 베네통·소니·아이맥 기업들, 파격적인 컬러 배합으로 개성 있는 소비자들의 시선을 끄는 스와치·현대카드 미니 M·식음료 기업들, 그리고 오랜 기간 기업이 추구해 오던 이미지를 하나의 컬러 컨셉으로 일관되게 적용해 수많은 브랜드 속에서 차별화시키고 있는 샤넬·바디샵·페라가모·스타벅스 등의 기업 사례들에서 살펴보았듯이 우리는 현재 컬러 마케팅 시대에 살고 있다.

의류, 패션, 자동차 분야 등에서는 소비자들에게 다양한 컬러의 선택권을 부여하고 새로운 유행 색을 제공함으로써 항상 새로움을 주는 기업이라는 이미지를 얻을 수 있다. 때문에 소비자의 기호에 민감한 패션 브랜드들은 앞으로 유행하게 될 색상을 미리 예측해 상품에 반영하는 한편, 한 걸음 더 나아가 다양한 마케팅 수단을 동원하여 자연스럽게 소비자들에게 영향을 줄 수 있는 유행 색상을 만들어 내기도 한다.

파격적인 컬러 이미지를 제품에 적용하는 것은 소비자들에게 신선함과 충격요법으로 눈을 즐겁게 하는 동시에 브랜드를 알리는 효과도 얻고 있다. 이처럼 이색 컬러 마케팅 전략을 통해 기업들은 브랜드 홍수 속에서 차별화를 강구해 오고 있다.

특히 단일 컬러 마케팅 전략을 고수해 온 브랜드는 듣는 순간 소비자들에게 특정 색을 떠올리게 한다. 브랜드 이름으로 상품을 선택하지만 사람의 인식 과정을 통해 색으로 브랜드를 식별하는 것이다. 색으로 소비자가 자사의 상품을 구입하도록 상품의 색을 구별해 둔다. 특정 컬러를 상품에 적용하는 순간 소비자는 상품에 대해 고정된 이미지를 가지게 되기 때문이다. 이를 위해서는 소비자들의 컬러에 대한 기존의 인상을 이용할 수도 있고, 역으로 전혀 새로운 인상을 심어 줄 수도 있다. 어떤 제품의 컬러를 의도적으로 강조해 사람들로 하여금 그 컬러만 보아도 제품을 연상할 수 있도록 하는 것이다.

괴테는 "색채를 과학적으로 관리하지 않는 것은 어린아이가 악보 없이 악기를 연주하는 것과 마찬가지다"라며 색상의 중요성을 일깨웠다. 2백여 년 전에 괴테가 남긴 말이 이 시대의 화두가 된 것이다. 색은 이제 단순한 액세서리가 아니라 산업사회 모든 제품의 경쟁력 그 자체로 작용한다.

컬러의 연상 이미지는 국가, 문화, 시대, 유행 트렌드에 따라 시시각각 변화하고 있다. 세계적인 브랜드들은 자사의 컬러 이미지를 하루아침에 이룬 것이 아니다. 강렬하게 소비자의 눈을 사로잡고 뇌리에 박히도록 특유의 컬러 이미지를 모색해 왔으며, 하나의 컬러를 지금까지 고수하면서 유행과 트렌드에 맞추어 제품·광고·패키지·매장 인테리어에 이르기까지 기업이 추구하는 비전과 이미지를 컬러를 통해 직접 또는 간접적으로 소비자들에게 전달해 왔던 것이다.

따라서 앞으로 기업들은 색의 무한한 연상 이미지를 계속적으로 연구하여 변화의 방향을 정확히 파악하는 과학적인 컬러 관리를 통해 소비자와 함께 숨 쉬는 살아 있는 컬러 마케팅 전략 전술을 실천해 나가야 할 것이다.

참고문헌

권영걸 등, 『색색가지 세상』, 국제출판사, 2001.

미셸 파스투로, 고봉만·김연실, 『블루, 색의 역사: 성모 마리아에
　　서 리바이스까지 』, 한길아트, 2002.

권영걸·김영인, 『성공하는 기업의 컬러마케팅』, 국제출판사, 2003.

김민주, 『레드 마케팅 : 왜 레드가 잘 팔리는 걸까』, 아라크네,
　　2002.

김훈철·장영렬, 『컬러마케팅』, 커뮤니케이션북스, 2002.

대홍기획, 『대홍 커뮤니케이션즈』, 2003. 7-8.

미미 쿠퍼·앨린 매튜, 안진환, 『Color Smart 컬러 비즈니스』, 오늘
　　의 책, 2002.

에바 헬러, 이영희, 『색의 유혹』, 예담출판사, 2002.

이상희, 『컬러카리스마』, 늘푸른소나무, 2003.

제일기획, 『제일 커뮤니케이션즈』, 2003. 9.

제일기획, 『제일 커뮤니케이션즈』, 2004. 4.

파버 비렌, 김진한, 『색채의 영향』, 시공사, 1997.

I.R.I색채연구소, 『유행색과 컬러마케팅』, 영진.COM, 2003.

WWW.BOBOSCOLOR.COM

프랑스엔 〈크세주〉, 일본엔 〈이와나미 문고〉, 한국에는 〈살림지식총서〉가 있습니다.

📖 전자책 | 🔍 큰글자 | 🔊 오디오북

색의 유혹 색채심리와 컬러마케팅

펴낸날	초판 1쇄 2004년 10월 30일
	초판 8쇄 2021년 5월 7일

지은이	오수연
펴낸이	심만수
펴낸곳	(주)살림출판사
출판등록	1989년 11월 1일 제9-210호

주소	경기도 파주시 광인사길 30
전화	031-955-1350 　팩스　031-624-1356
홈페이지	http://www.sallimbooks.com
이메일	book@sallimbooks.com

ISBN	978-89-522-0298-7　04080
	978-89-522-0096-9　04080(세트)

122 모든 것을 고객중심으로 바꿔라   eBook

안상헌(국민연금관리공단 CS Leader)

고객중심의 서비스전략을 일상의 모든 부분에 적용해야 한다는 가르침을 주는 책. 나 이외의 모든 사람을 고객으로 보고 서비스가 살아야 우리도 산다는 평범한 진리의 힘을 느끼게 해 준다. 피뢰침의 원칙, 책임공감의 원칙, 감정통제의 원칙, 언어절제의 원칙, 역지사지의 원칙이 사람을 상대하는 5가지 기본 원칙으로 제시된다.

233 글로벌 매너

박한표(대전와인아카데미 원장)

매너는 에티켓과는 다르다. 에티켓이 인간관계를 원활하게 해주는 사회적 불문율로서의 규칙이라면, 매너는 일상생활 속에 에티켓을 적용하는 방식을 말한다. 삶을 잘 사는 방법인 매너의 의미를 설명하고, 글로벌 시대에 우리가 기본적으로 갖추어야 할 국제매너를 구체적으로 소개한 책. 삶의 예술이자 경쟁력인 매너의 핵심 내용을 소개한다.

350 스티브 잡스   eBook

김상훈(동아일보 기자)

스티브 잡스는 시기심과 자기과시, 성공에의 욕망으로 똘똘 뭉친 불완전한 사람이었다. 하지만 동시에 강철 같은 의지로 자신의 불완전함을 극복하고 사회에 가치 있는 일을 하고자 노력했던 위대한 정신의 소유자이기도 하다. 이 책은 스티브 잡스의 삶을 통해 불완전한 우리 자신에 내재된 위대한 본성을 찾아내고자 한다.

352 워렌 버핏   eBook

이민주(한국투자연구소 버핏연구소 소장)

'오마하의 현인'이라고 불리는 워렌 버핏. 그는 일찌감치 자신의 투자 기준을 마련한 후, 금융 일번지 월스트리트가 아닌 자신의 고향 오마하로 와서 본격적인 투자사업을 시작한다. 그의 성공은 성공하는 투자의 출발점은 결국 자기 자신이라는 점을 보여 준다. 워렌 버핏의 삶을 통해 세계 최고의 부자는 어떻게 만들어지는가를 살펴보자.

145 패션과 명품

이재진(패션 칼럼니스트)

패션 산업과 명품에 대한 이해를 돕는 책. 샤넬, 크리스찬 디올, 아르마니, 베르사체, 버버리, 휴고보스 등 브랜드의 탄생 배경과 명품으로 불리는 까닭을 알려 준다. 이 밖에도 이 책은 사람들이 명품을 찾는 심리는 무엇인지, 유명 브랜드들이 어떤 컨셉과 마케팅 전략을 취하는지 등을 살펴본다.

434 치즈 이야기

박승용(천안연암대 축산계열 교수)

우리 식문화 속에 다채롭게 자리 잡고 있는 치즈를 여러 각도에서 살펴 본 작은 '치즈 사전'이다. 치즈를 고르고 먹는 데 필요한 아기자기한 상식에서부터 나라별 대표 치즈 소개, 치즈에 대한 오해와 진실, 와인에 어울리는 치즈 선별법까지, 치즈를 이해하는 데 필요한 지식과 정보가 골고루 녹아들었다.

435 면 이야기

김한송(요리사)

면(국수)은 세계 각국으로 퍼져 나가면서 제각기 다른 형태로 조리법이 바뀌고 각 지역 특유의 색깔이 결합하면서 독특한 문화 형태로 발전했다. 칼국수를 사랑한 대통령에서부터 파스타의 기하학까지, 크고 작은 에피소드에 귀 기울이는 동안 독자들은 면의 또 다른 매력을 발견할 수 있을 것이다.

436 막걸리 이야기

정은숙(기행작가)

우리 땅 곳곳의 유명 막걸리 양조장과 대폿집을 순례하며 그곳의 풍경과 냄새, 무엇보다 막걸리를 만들고 내오는 이들의 정(情)을 담아내기 위해 애쓴 흔적이 역력하다. 효모 연구가의 단단한 손끝에서 만들어지는 막걸리에서부터 대통령이 애호했던 막걸리, 지역 토박이 부부가 휘휘 저어 건네는 순박한 막걸리까지, 또 여기에 막걸리 제조법과 변천사, 대폿집의 역사까지 아우르고 있다.

253 프랑스 미식 기행 eBook

심순철(식품영양학과 강사)

프랑스의 각 지방 음식을 소개하면서 거기에 얽힌 역사적인 사실과 문화적인 배경을 재미있게 소개하고 있다. 누가 읽어도 프랑스 음식문화에 대해 어느 정도 이해할 수 있도록 복잡하지 않게, 이야기하듯 쓰인 것이 장점이다. 프랑스로 미식 여행을 떠나고자 하는 이에게 맛과 멋과 향이 어우러진 프랑스의 역사와 문화를 소개하는 책.

132 색의 유혹 색채심리와 컬러 마케팅 eBook

오수연(한국마케팅연구원 연구원)

색이 인간에게 미치는 영향과 이를 이용한 컬러 마케팅이 어떤 기법으로 발전했는가를 보여 준다. 색은 생리적 또는 심리적 면에서 사람들에게 많은 영향을 미친다. 컬러가 제품을 파는 시대'의 마케팅에서 주로 사용되는 6가지 대표색을 중심으로 컬러의 트렌드를 읽어 색이 가지는 이미지의 변화를 소개한다.

447 브랜드를 알면 자동차가 보인다

김홍식(「오토헤럴드」 편집장)

세계의 자동차 브랜드가 그 가치를 지니기까지의 역사, 그리고 이를 위해 땀 흘린 장인들에 관한 이야기. 무명의 자동차 레이서가 세계 최고의 자동차 브랜드를 일궈내고, 어머니를 향한 아들의 효심이 최상의 경쟁력을 자랑하는 자동차 브랜드로 이어지기까지의 짧지 않은 역사가 우리 눈에 익숙한 엠블럼과 함께 명쾌하게 정리됐다.

449 알고 쓰는 화장품 eBook

구희연(3020안티에이징연구소 이사)

화장품을 고르는 당신의 기준은 무엇인가? 우리는 음식을 고르듯 화장품 선택에 꼼꼼한 편인가? 이 책은 화장품 성분을 파악하는 법부터 화장품의 궁합까지 단순한 화장품 선별 가이드로써의 역할이 아니라 궁극적으로 당신의 '아름답고 건강한 피부'를 만들기 위한 지침서다.

eBook 표시가 되어있는 도서는 전자책으로 구매가 가능합니다.

㈜살림출판사
www.sallimbooks.com
주소 경기도 파주시 문발동 522-1 | 전화 031-955-1350 | 팩스 031-955-1355